目指せ！名門校合格

親子で楽しむ小学校受験

高木宏子
HIROKO TAKAGI

幻冬舎MC

はじめに

「親子で楽しむ小学校受験」という本書のタイトルを見て、「受験を楽しむなんて信じられない」と思った人は多いかもしれません。

小学校受験を目指す家庭の多くは、幼稚園の年少時から「お教室」に通い、レッスンを開始します。

もちろんお教室に通うだけでは不十分で、復習のための家庭学習も欠かせません。まだ幼いお子さんを長時間椅子に座らせて学習させるのですから、「楽しい」という言葉が似つかわしくないと思うのも無理はありません。実際、お教室での遅れを気にして、睡眠時間を削って学習させたり、厳しく叱責してお子さんを委縮させてしまったり、親子関係が崩壊してしまうご家庭も少なからず存在します。

一方で、良い結果を得ているご家庭は、親子関係は常に良好で、試験当日を笑顔で迎えています。決して「楽（ラク）」ではなかったけれど、前向きに目標を目指し、日々の努力を積み重ね、難関といわれる名門校にチャレンジできて「楽しかった」とおっしゃるご両親ばかりです。
「頑張るって楽しい」「知らないことを知るのって面白い」そんなふうにお子さんがはつらつと学習に取り組み、ご両親も笑顔で応援する——その結果として、合格を勝ち取ることができれば、これほどすばらしいことはないはずです。

私は大学を卒業後、小学校受験教室の講師として主に年長クラスに携わり、担当授業のカリキュラムづくり、教材づくり、個別テスト対策などを行ってきました。10年にわたって小学校受験指導を行っているなかで、机に向かう勉強だけでなく、プラスαの指導をしたいとの思いが募り、独立。以降、お子さんの学習指導だけでなく、ご両親とも関わって、日常生活のアドバイスも行っています。独立して11年になりますが、毎年、名門小学校へ多数の生徒を送り出しています。

その経験を踏まえていえるのは、第一志望に合格したお子さんには明確な共通点があり、お教室やご自宅で「勉強」するだけでなく、「遊び」の時間をしっかり確保されているということです。

忙しい毎日のなかで十分な時間を取りにくいのは確かですが、皆さん工夫して時間をつくり、外で元気に走り回り、家の中では積み木やブロック、工作、おままごとなど、お友達やきょうだいと遊ぶ機会を上手につくっています。昨年（２０２０年）はコロナ禍でお友達に会えないあいだ、意識して親が一緒に遊ぶ時間をつくったというご家庭もありました。

遊びのなかで得た知識や工夫は、お子さんのなかに深く刻まれます。勉強として教えられたことはすぐに忘れてしまいがちですが、遊びの体験を通して獲得したものは定着しやすく、応用もききます。小学校受験で必須となる季節の行事や、生き物、自然、昔ながらの日用品の名前や特徴も、図鑑とにらめっこしているだけでは生きた情報として記憶に刻まれません。例えば、虫メガネのイラストを見せられて、名前は答えられても、「どんなときに使うもの？」「なんで虫っていう名前が付いていると思う？」とたずねられたときに、自分なりの答えを言葉にできなければ、個別試験には対応できないのです。

「知りたい」「やってみたい」という欲求は、本来、生まれたときからもっているものです。そして、6歳までは脳の発達が人生で最も著しい時期でもあります。「三つ子の魂百まで」「鉄は熱いうちに打て」のことわざがあるとおり、脳の黄金期を逃さず、たくさんの体験をさせてあげることで学ぶ楽しさを実感し、結果的に難関名門小学校に合格することができるのです。

そこで本書では、お教室ではフォローしきれない日常生活にスポットを当てて、小学校受験を成功させるために必要な考え方と具体的なメソッドを解説していきます。

また、受験で起こりがちな予期せぬアクシデントへの対処方法や、お母さまが抱える不安にこたえるアドバイスも掲載しています。私が指導させていただいたお子さんのなかには、直前の模擬試験では合格可能性30%だったにもかかわらず、最後のご両親の適切な関わりによって、見事志望校に合格したケースもあります。

一方で私の教え子ではありませんが、お教室の講習を取り過ぎたために自宅での復習時間が取れず、どこにも合格いただけなかったお子さん、模擬試験では満点を取っていたのに、行動観察で同じグループの子とけんかをして残念な結果になったお子さんがいらっしゃるのも事実です。

受験は水物といいますが、当日、何があるかは予期できません。そのためにも、受験日までにたくさんの経験を積んで、臨機応変な対応のできる柔軟性のあるお子さんに育ててほしいと思います。

これから小学校受験を目指す、すべてのご家族にとって、本書が希望の一冊となることを願っています。

目指せ！名門校合格　親子で楽しむ小学校受験　目次

［第4章］　語彙を増やし、表現力と記憶力をアップさせる「言語メソッド10」

［第5章］ 図形のセンスを磨き、生き物の知識を身につける「認知力メソッド10」

［第6章］ 運動、工作、絵画……体や指先を使う試験に備える「巧緻性メソッド10」

［第7章］　親子で遊ぶ機会を増やして行動観察に強くなる「家族メソッド10」

［第8章］ 試験当日まで、家庭環境次第で子どもは伸びる！

メソッドを実践して楽しみながら合格をつかんだ親子たち

第1章

子どもに「受験」の意味は分かりません。どうやってやる気を引き出したらいい？

お子さんに「受験」の意味は分かりません

小学校受験の準備をなさっているご両親は、多かれ少なかれお子さんが受験に向かう姿勢に悩みを抱えています。じっと座って勉強してくれない、教えたことを覚えてくれない、気が散って集中してくれない……など具体的な悩みはそれぞれです。

私は小学校受験の家庭教師をしていますが、そうした悩みを詳しくうかがってみると、たいていは「子どもにやる気がない」と、ご両親が思い込んでいることに気づきます。

保護者の方からは、次のような声をよく聞きます。「お教室の授業中は、それなりに取り組んでいるように見えます。でも、他のお子さんが積極的に発言してやる気満々に見えるのに対して、わが子はこなしているだけ。できなくてもいいや、そんな雰囲気でやる気が感じられないのです」と。あるいは、「子どもがもうペーパーをやるのが嫌になってやる気がなくなっています。どうしたらよいでしょう。」という声もあります。

なぜ、ご両親にはお子さんが「やる気」を失って見えてしまうのでしょうか。

家庭で勉強をする時間帯やタイミング、学習のさせ方、教材の与え方などを間違ってしまうのはよくあることです。もしそうならば、本当は楽しく取り組めるものでもお子さんは一気に「つまらないもの」と感じて興味を示さなくなってしまいます。

つまり、お子さんは「やる気がない」のではありません。本当はやれば楽しく好きなものも、つまらなくなり、やる気がなくなっているのです。

「やらなければならない」と押し付けられているから、頑張ろうという気持ちが湧いてこないのです。大人だって「やる気」が出るのは、そのこと自体に興味が湧いて、自発的に取り組むことで結果的に楽しくなるのが分かっているからです。

秋に合格を手にしたあるご家庭では、毎日の勉強の時間を決めてコツコツと継続していました。しかし、お子さんが勉強を始めてから秋までの間は山あり谷あり、途中「僕はダメだ」「お教室に行きたくない」というときもありました。しかしそんなときでもご両親は子どもを否定せずに受け止め、わが子の力を信じて励ましながら、落ちついて淡々とやるべきことをしっかりやり続けていかなければなりません。ご両親が終始一貫、志望校への熱意をもって、また、同時に子どもの力を信じて、日々の学習を積み重ねていくその姿勢が実を結んだのです。なお、学習する時間は、眠いとき、空腹のとき、疲れているときはさけることが大事です。

大切なお子さんがどんな教育環境で小学校生活を過ごしてほしいのかを考えるのは、ご両親の役目です。ご家庭の教育方針と学校の教育方針は合っているか、整った環境で学習させたい、豊かな交友関係も築いてほしい、また、通学時間や周囲の環境の安全、その先の進学状況など、よく考えて志望校を決めていきます。しかしお子さんにはその意思はありませんし、「受験する」意味も分かりません。それは多くの場合、ご両親が決めた目標ですが、子どもにとってもよりよい環境で過ごせるすてきな学校であることを折に触れてお子さんに伝えていってください。

「こんないい学校があるよ」と子どもに話したり、一緒に学校の見学会などに参加することで、「頑張ると、あの学校に通えるんだ」と両親の思いを子どもなりに感じて、ゴールまで到達しやすくなります。

幼いお子さんにとって、大好きな両親の存在はいちばんであり、親がいいという学校に入りたいと思うものです。それだけ両親の話は価値があり、興味を惹かれるのです。

お子さんはご両親の笑顔に「頑張るって楽しいな」と思え、やる気が出てきて「頑張る喜び」を感じられるようになります。

受験のためでなく、子どもの将来に結びつく過ごし方も工夫しましょう

お教室に通うなど、本格的に小学校受験の準備をするのは、多くのご家庭で年少さんの秋からで、受験が終了するのが年長さんの秋です。この2年間は小学校受験にとって大切な時期であるとともに、お子さんの身体面や精神面の発達にも重要な年齢になります。

それは0歳から6歳までは脳の発達がめざましいといわれているからです。人の脳は6歳までに90％が完成するというデータもあり、この時期は「知りたい」「学びたい」という意欲がとても高く、たくさんの良い刺激を与えると、将来学んでいく学習の基礎ができ、柔軟で建設的な考え方や、思慮深い行動、情緒豊かな感情の形成がかなうといわれています。

「脳の発達」という言葉から、英才教育を想像する方もいるかもしれませんが、実際はそ

んなことはありません。英語や音楽、漢字、地理や歴史などの知識をたくさん与えて覚えさせるのではなく、好奇心旺盛なこの時期に親子でさまざまな生きた体験をして、心地よい刺激を与えることが大切になります。

好奇心がおもむくままに探究心をもって遊ぶことが、そのまま学びになるこの時期は脳に心地よい刺激を受けることでスムーズに吸収でき、学習が進むのは間違いありません。

つまり、小学校受験の準備をする6歳まで、たくさんの良い刺激を受けて楽しんだお子さんは、学ぶ意欲のある「将来伸びる子」に育つことになります。

押し付けられた学習ではなく、楽しく与えられた学びは頭がリラックスしているので吸収がよく、学習が進みます。五感を使い、「心地よい」「うれしい」「楽しい」「満足」と感じられるような刺激をお子さんが受けられるようにしましょう。

赤ちゃんのおむつを交換したり、母乳やミルクを飲ませるときに、お母さまが赤ちゃんの顔を笑顔で見つめたり、優しい言葉をかけてあげるのもそうです。

幼児になっても同様です。触れる、見る、聞く、味わう、そして匂いを感じるといった体験のなかで「心地よさ」をたくさん感じた子ほど、吸収力の高い子に育っていくのです。

小学校受験に向けて、早い時期からペーパーの訓練をすることが、受験で良い点数を取るために必要だと思うかもしれません。しかし、お子さんに将来、受験したあとも伸びる子になってほしいのであれば、まずは好奇心の芽を育て親子で楽しく「実体験」を豊富にする過ごし方をぜひしてほしいところです。

好奇心を伸ばす子育てをしましょう

子どもには「やってみたい」「試してみたい」という欲求が必ずあります。子どもにとって、世の中は知らないことばかりです。一見すると意味のない行動やいたずらでも、「これは何だろう」「どんな味がするのだろう」と探求心を働かせていることが多々あります。

赤ちゃんが自分の手をじっと見つめたり、口に手を入れるのも探求心の一つです。ハイハイをしてつかまり立ちをして、という成長も「目に見えるものを触ってみたい」「あそこには何があるんだろう」といった探求心があるからこそです。

ですから、お母さまから見て「無駄」に思える行動であっても、声を掛けたり、手伝ったりせず、時には見守ってあげる必要があります。自分で興味の対象を見つけ、欲求を満たすために考え、行動する。そういった力は小学校受験の行動観察でも重要視される部分です。

お子さんが集中して何かをしているときに声掛けを少し控えてみることも、また何もせずぼーっとしているように見えるときがあっても、優しく見守ってあげるのも必要です。本人の頭の中は想像力がふくらんで、いろいろなことを考えている可能性もあります。

勉強の時間なのに……と焦る気持ちがあっても、1～2分待ってあげられる気持ちの余裕をご両親が意識してもつようにしましょう。

「創意工夫」のできる環境をつくりましょう

小学校受験を前提に子育てをしているご家庭では、赤ちゃんの頃からおもちゃや絵本を厳選していることが多いようです。

市販のものは安全面が考慮されていたり、手触りをソフトにしたりと、良い面はたくさんあります。手先の動き（まわす、つまむ、ねじる、左右にスライドさせる、たたく）など巧緻性（手先の器用さ）を伸ばす練習になるもの、カラフルで見た目がよいもの、流行りものなどさまざまなおもちゃがあります。

例えば、本物のキッチンのミニチュアのようなおままごとセットは子どものための遊戯施設やプレイルームでもよく見かけます。小さなママになりきって、いろいろなものがきれいに揃っているキッチンセットで遊ぶのはとても楽しいと思います。それ自体はお手伝いの練習にもなります。

ただ、既存のおもちゃだけでなく、創意工夫で遊べる環境も用意してあげてほしいと思います。すでに出来上がっているキッチンセットも楽しいのですが、それがなくても、おままごとは十分できます。時には「今日は、ブロックでキッチンを作ってみようよ」「折り紙でお皿を作るね」「野菜は絵で描いてみよう」とお母さまが提案をして、キッチンセット抜きのおままごとをしてみるのです。お子さんはきっと想像力を働かせて生き生きとママ役やお客さま役を演じて夢中になるでしょう。

男の子の場合も、ミニカーや戦隊もののおもちゃが好きなお子さんは多いと思います。積み木で街を作り、ミニカーを自分で決めた駐車場にとめたり、ブロックで作った橋を渡

いろいろな形に変形させられる立体パズル

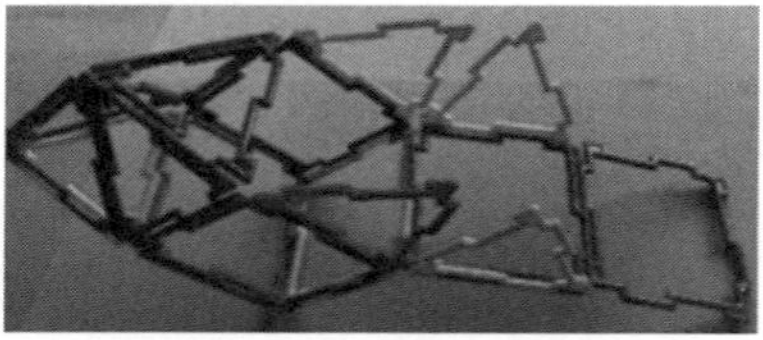

街の中の建物や生き物、自動車などにも見立てられます。

らせたりなど、想像力を膨らませることでしょう。戦隊もののおもちゃでは架空の敵と戦ったり、想像上の味方たちと団結して敵を倒したり、夢中になって遊ぶでしょう。しかし時には出来上がったおもちゃではなく、ブロックや積み木で武器や車を作る日があってもよいと思います。お父さまがかっこいい武器をブロックや新聞紙、古いカレンダーなどで作れば、お子さんも真似したくなるに違いありません。作らなければならない環境を時には与えることで、お子さんの想像力と巧緻性も自然に向上していきます。

クレヨン、画用紙、粘土、折り紙、段

ボール、ビーズなどの素材と、ブロックや積み木があれば、見立て遊びのほとんどはできてしまいます。作ってもまた壊して別のものを作ることのできるレゴブロックは、お子さんの創造力を高めるすばらしいおもちゃだと思います。

シンプルなおもちゃをいつでも手に取れる環境を用意し、お子さんの好奇心を育てていきましょう。どう遊ぶかはお子さん次第です。ご両親は「こうしたらいいよ」「ああしたらうまくいくよ」と言い過ぎないように注意することも大切です。

きっとお子さんは自分で作ったもので遊ぶ楽しさに夢中になるはずです。

親の監視下に置き過ぎないでください

一人っ子が増えてきたこともあって、お子さんとご両親の結びつきは以前より強くなってきているように感じます。決して悪いことではないのですが、お子さんから「自由」や「冒険」を奪っていないか、少し振り返ってみてほしいところです。

公園で遊ばせているときに、ご両親の目ではまだ無理だと思うような遊具に挑戦していたり、どろんこで遊び始めたときに、「危ないから」「服が汚れるから」と、お子さんの遊びを止めたり、手助けをしたりしていませんか。

いつも親の目に監視されている子は、「あれ、やっていい？」「これやっちゃだめ？」とご両親に尋ねてくる傾向にあります。もちろん、家の中で大切なものを触るとか、危険な道具を勝手に扱うのはいけませんが、公園で遊んでいるときにはおおらかな目で見守り、お子さんの自由な発想とチャレンジ精神を尊重してあげましょう。

お子さんは「やってみたい」「挑戦したい」という意欲をもって、遊びにもチャレンジしています。また、ご両親の目から解き放たれたほうが、自分で考えて行動します。自分より少し大きなお兄さんやお姉さんの真似をしながら、さまざまなことにチャレンジしているはずです。時折、園の先生から「園では活発ですよ」と聞き、家でのお子さんと違う面に驚くご両親がいらっしゃいますが、まさに、親の目を離れたときにたくさんのチャレンジをしている証拠です。

特別な学習環境をつくるより、家中のあちこちを学びの場にしましょう

「自宅での学習をはかどらせるために、どんな部屋づくりが必要ですか？」と、ご両親か

らよく質問を受けます。そのたびに「特別な環境は必要ありません」と私は答えるようにしています。

高校受験や大学受験であれば、お子さんの個性によって学習環境を整える必要があるかもしれませんが、小学校受験ではペーパー学習をする環境はリビングで十分。キッチンでお母さまが料理をしているそばでも構いません。逆に個室で一人で学習をさせるのは避けたほうがよいでしょう。

自分がなぜ勉強をするのか、意味の分かっていないお子さんに一人でペーパー学習をさせるのはおすすめできません。ご両親、もしくは家庭教師など、お子さんの性格を理解した大人がそばにいて、声掛けをしながら学習を進めていきましょう。

また、家の中にたくさんの学びをちりばめるのもおすすめです。

最近は、物の少ない部屋を心地よく思うお母さまも多いと思いますが、小学校受験の準備期間はさまざまな道具を用意したり、バスルームや洗面所、トイレにも虫や鳥、植物などのポスターや写真を飾って、お子さんの目に入る情報を増やすとよいと思います。

そのすべてを目につく場所に置いておく必要はありませんが、お子さん自身がいつでも取り出せる場所に収納する工夫は必要になります。

「顔を見て、人の話を聞く」姿勢を、親が実践していきましょう

小学校受験の「合否の要」は、どんな状況でも人の話に耳を傾けられることにあると考えています。実際の試験でも子どもたちが思わず夢中になってしまうような遊具が用意され、楽しく遊んでいる最中に「お話を聞いてください」と急に言われることがあります。そのために、どんな状況においても人の話を「聞く」癖を身につけておく必要があります。

とはいえ、日常生活の中で「聞く姿勢」を身につけさせるのは簡単ではありません。ご両親が頭ごなしに「聞きなさい」と言っても、話の内容が右から左へ通り過ぎているように感じられることも多いと思います。

そこで実践していただきたいのが、ご両親が「聞く姿勢」の手本になることです。まずは、ご両親がお互いの話を「ながら」聞きせず、顔を見て、手を止めて聞く姿を見せてあげてください。

ネクタイをしめながら「今日は、遅くなるから夕飯いらない」と言うお父さま。朝食の

準備をしながら、背を向けたまま「はい」とだけ答えるお母さま。これではお子さんにとってのお手本にはなりません。

「おはよう」の挨拶も顔を見て、どんな会話も向かい合ってする、そうした姿を見て育つと、お子さんも自然に「聞く姿勢」を学んでいきます。顔を向けて話を聞くと内容が頭に入ってきやすくなりますし、なにより記憶に残りやすくなることが分かると思います。

もちろん、お子さんの話を聞くときも、正面に回って顔を見るようにします。歩きながら会話するときにも、時々目線をお子さんに向けて。スマホやテレビを見ながら話を聞くというのは絶対にやめてください。

言葉のシャワーをたくさん浴びせてあげましょう

「言葉」をたくさん知っている子は、受験でとても有利になります。物の名前はもちろん、形容詞や動詞も、使い分けや言い換えができると、お話づくりで情緒豊かな表現ができたり、行動観察や面接でも他のお子さんとは違った印象を与えることができます。

言葉を増やすには、ご両親からの声掛けがなにより重要です。私の知る限りでも、言葉の分からない乳児のときからたくさん話しかけられて育ったお子さんは、語彙が豊富で文章で分かりやすくお話しできます。

お子さんにとってご両親の声は、最も心に響きます。目に見えたものをお母さまがたくさん口に出すことで、知らず知らずのうちにお子さんの語彙は増えていきますし、表現力の豊かなお子さんに育つのです。

「8月だから暑いね」「セミが鳴いていて騒がしいね」「お月さまが丸くてきれいだね」「金木犀の花のいい匂いがするね」と、意識して物の名前や五感を言葉にしてください。幼児語は使わず正しい日本語で話しましょう。「ブーブーが来たね」でなく「青い車が走っているね」と普通に話せばよいのです。

語彙を増やすなら、テレビやＤＶＤ、動画サイトを活用してもよいかと質問されることもあるのですが、一方通行の情報発信は表現力を高めるツールではありません。意思の疎通ができる対面の会話がいちばんです。お父さまの帰宅時間が遅いのであれば、タブレットやパソコン、スマホなどで、顔を見ながら今日の出来事を報告し合うのもよいでしょう。

とにかく「生の言葉」のシャワーをたくさん浴びせてあげてください。

自分の言葉で、自分の気持ちを話せる子に育てよう

年中さんの秋以降、模擬試験を受ける機会が増えてきますが、そのときご両親が悩まれるのが、「行動観察で点数が取れない」「個別試験が苦手」の2点です。

ペーパー試験でそれなりの点数が取れるお子さんほど、この問題がご両親を悩ませることになります。

行動観察や個別試験でいまひとつ伸びない場合、「自分の言葉で話す」ことができているかをチェックしてみてほしいと思います。特に男の子が苦手とする分野になるでしょう。

例えば「好きな動物は何ですか？」と質問された場合に、必ず「どうしてですか？」「どんなところが好きですか？」と続けて聞かれます。このときに、自分の感情を乗せて話ができるかどうかがポイントになります。

ウサギが好きと答えて、その理由を「かわいいからです」と定型文のように回答するのではなく「友達の家で飼っている白いウサギを抱っこしたら、ふわふわして気持ちよかったからです」と、質問者に情景を伝えられれば満点です。

「話す」のレベルを上げるのは、ご両親が思っているほど難しくはありません。日常のご両親の対応を変えるだけで十分だからです。

とにかくお子さんに話をさせてください。「喉が渇いた」の一言で、コップにジュースを注いであげていませんか？「あれ取って」という要求に、何かを確認しないまま手渡ししていませんか？

言葉の獲得は、自らの要求を話すことから始まります。「喉が渇いた」に対しては「喉が渇いたのね、それで？」とオウム返しをします。「あれ取って」と言われたら、「あれって、何かな？」と聞き返しましょう。

「喉が渇いたから、お水が飲みたい」「棚の上にある、ブロックの箱を取ってほしい」と、欲求と要求をきちんと言葉にできたときに、初めて応えてあげてください。

親子ですから、すべてを言わなくても要求は分かってしまいますが、あえて面倒でも正しい文にして話す習慣をつけましょう。受験時の緊張のなかでも自分の言葉で話ができるようになるには、日々の小さな積み重ねが大切になります。

「えらいね」「すごいね」だけではない。誉め言葉のバリエーションを豊かに

子育てではとにかく「褒める」ことが推奨されます。小学校受験の準備では、乗り越えなければならない壁がたくさんありますから、その都度、褒めてお子さんの気持ちを前向きにさせていく必要があります。

ただし、褒め方にはちょっとした工夫が必要です。

「えらいね」「すごいね」「お利口さん」といった、抽象的な誉め言葉よりは、「どこが」「どのように」を明確にして、次のステップにつながる言葉を添えるようにします。

「昨日はできなかったのに、今日はリボン結びができたね。頑張ってよかったね」

「ゾウの絵、今にも動き出しそうな迫力だね。次は親子のゾウも見たいな」

慣れるまでは、ご両親も言葉選びが難しいかもしれませんが、日々続けていくと、自然にお子さんの努力が目に留まり誉め言葉のレパートリーが増えていきます。

この積み重ねによって、お子さん自身が自分を信じる気持ちにつながり、自己肯定感も育ち、「頑張るって楽しい」「できるようになるって面白い」と思えるようになり、やる気

につながっていくのです。

愛されていると実感させてあげましょう

小学校受験の準備中は、どんなに穏やかな親子であっても一度や二度はバトルが起きてしまいます。「もう、やりたくない！」とお子さんが駄々をこねたり、ご両親が「ちゃんとやりなさい！」ときつく叱ってしまったり。

そんなとき、お子さんの心にはどのような思いが渦巻いているでしょうか。もちろん幼児ですから、自分の気持ちを具体的に整理はできないでしょう。しかし、想像はできます。「ママは私が嫌いだから勉強させるの？」「できない僕はダメな子なの？」と、苦しい思いを抱えているに違いありません。

できる限り、お子さんにそのような思いをさせないために、「あなたが大切」という気持ちを、声に出して伝えてあげて下さい。親子だから「言わなくても、愛している気持ちは分かっている」と過信せずに、一日一回は、「大好きよ」「あなたが大切」と言葉にしましょう。

お子さんはいつだって、ご両親に愛されていることを確認したいものです。もちろん言葉だけでなく、一日に何度も抱きしめてあげたり、絵本を読むときにひざに乗せてあげるのもいいと思います。「赤ちゃんにするような態度で、甘やかしになりませんか？」と心配するご両親もいますが、そんなことは絶対にありません。

受験準備で疲れたときには、一日、親子で楽しく戸外に出かけて思い切り身体を使って遊ぶのもよいかもしれません。

親の愛を実感している子は、自立でき他者にも優しくできます。将来も「人の役に立つ」ことを当たり前に優先できる子に育ちます。そうして、こうした日々の積み重ねが、受験のときの行動観察には如実に現れるものなのです。

いきなり受験のための学習をスタートしても、お子さんは戸惑うだけです

これから受験準備に入る場合、特に意識してほしい点があります。

お教室で出されるペーパーや、市販の教材だけで学習をスタートさせないでほしいということです。何事にも準備が必要ですし、ペーパーや教材だけでは身につかない知識もた

くさんあります。

そもそも、お子さんはまだ数年間しか実体験を積んでいません。それでも、何もできない赤ちゃんだった子が、わずか数年のうちに、自分で着替え、靴を履き、集団生活にも入っていく。目覚ましい成長は、日々の生活のなかで子どもがたくさんのことを吸収しているからにほかなりません。靴を履くという一つの動作にしても、靴の左右を見極める、片足で立つ、指先の力の入れ具合を調整するなど、多くの体の機能を使っています。少しずつ習得した技術を集結して、靴を履くという動作をしているのです。

学習も同じです。いきなり目の前の問題を解けと言われるのは、あまりに過酷です。

受験のための学習に入るには、日常生活のなかでできる多くの準備が必要になります。例えば、試験に頻出する物や生物の名前、季節の行事などは、家庭のなかで自然に触れていなければ、ペーパーに描かれた絵を見ても、何も感じることはできないでしょう。

山登りしたときに見つけた虫、庭に咲いていた花、おばあちゃんの家にあった道具など、実体験が伴ってこそ、受験のための学習は身についていくのです。

ペーパーで以前見たことのあるものが出題されたときに、手触りや重み、匂いなどを思い出し、「ああ、あれが○○だったんだ」と、経験と知識の結びつきが可能になります。事前に経験していたことが出題されることで、「知っているって楽しい」という喜びの体験にもなります。

机上の学びだけでなく体験を何より大切にして、受験準備を進めていきましょう。

［第2章］

お教室での学習や、家庭学習がうまくいかない理由はどこにある？ペーパー学習より大切なこと

なぜ、お教室に通うのでしょうか？

「お教室には通ったほうがよいですか？」

と、時々、ご両親に聞かれることがあります。第1章で挙げたお子さんとの関わり方を大前提とするなら、基本的にお教室に通うことは必要だと私は考えています。豊富なデータを基に、適切なカリキュラムを組んでいるお教室がほとんどですから、その流れに沿って受験準備を進める方法はよいと思います。

ただし、お教室に通ってさえいれば良い結果が得られるわけではない、ということはあらかじめ認識しておく必要があります。

お教室の良いところは本番の試験のような「スピード感」と「緊張感」が体感できるところです。本番の試験に向けて練習にもなるので、これに慣れることはとても大切です。でも、決められた時間内にさまざまな分野の学習を行うため、躓いているお子さんがいてもカリキュラムは進んでいきます。苦手分野では授業についていけなくなることもあります。

サブの先生がサポートをしてくれるお教室もありますが、一つでも分からないところがあると、お子さんはその時点で頭がフリーズしてしまいます。固まってしまうと、先生の話は頭に入ってこないし、手も動かず、その時間の授業は無駄になってしまうのです。

基本的にはご両親が授業を参観して、フリーズしているお子さんの様子に気づいたら、その授業の内容は家庭で改めて教える必要があります。お教室の先生は多くのお子さんを一度に見ていますから、すべての躓きをチェックすることはできません。ご家庭の事情やお子さんの性格にもよりますが、参観が許されているお教室ですとお子さんの理解度が分かり、その日の家庭学習で弱点補強をしやすいでしょう。

家庭学習で親子バトルになってしまうときは……

家庭で机に向かう学習の内容は、お教室の復習や、宿題が中心になると思います。お母さまからすると「お教室で一度習ってきている題材なのだから、ある程度できて当たり前」と、次々に学習を進めようとするでしょう。

しかし、現実にはお教室でできていたところが、家庭学習では躓いてしまう……ということがよく起こります。つい「どうしてお家だとできないの?」「なんで分からないの?」と責めるような言葉を掛けてしまいがちです。

よく考えてみれば、大人でも、人から説明を受けたことを「分かった気」になっても、実際一人でやってみると、まったく理解できていなかった経験をもっていると思います。そんなときに「説明したよね!」と叱られたら、悲しいですし、できない自分を情けなく感じてしまいます。お子さんも同じです。

お教室では解けていた問題、他のお子さんがスムーズに解いていた問題であっても、家庭学習をする際には、ご両親側が「初めてチャレンジする問題」だと思って出題してあげてください。

それでも熱心さのあまり、怒ってしまったり、お子さんを傷つけるような言葉を掛けてしまい、親子関係が悪化してしまうことが少なくありません。もし、お母さまの感情のコントロールが難しいと感じたら、経験豊かな専門性をもった人に相談をしてください。

家庭教師も選択肢のひとつです。

家庭教師はご家族とは違い、少し離れた立場からお子さんを客観的に見ることができますから、ご両親には気づかなかったお子さんの優れたところを見つけながら、苦手分野をフォローすることができます。

お教室は大切ですが、お子さんに合っていますか

お教室に通うことは必要と前述しましたが、お教室の先生から言われたことだけを忠実に守ると、場合によっては偏ってしまうこともあります。ご両親のなかには、お教室の先生を妄信し、現実が見えなくなってしまう方もいるようです。

そうなる前に「お教室は一つのツール」であることを、しっかり認識しておきましょう。

何より大事なことは、ご家庭、そして一人ひとりのお子さんにフィットする「家庭教育」の実践です。厳しいお教室では、宿題のノルマを達成するために遊びの時間がまったく取れないケースもあるようですが、そこにのまれてしまうと親子ともに疲れ切ってしまいます。

家庭のペースを崩さないことが成功への近道ですから、お教室のスタンスと家庭の方針

が相違していると感じたら、お教室を変えたほうがよい場合もあります。

家庭でのペーパー学習は、頭が疲れていない時間帯に効率よく行いたいものです。私が指導させていただいたご家庭では、朝、登園前の時間にペーパー学習をさせているケースが多いと感じます。

園での活動で疲れた後よりも、お子さんは集中力を発揮できるようです。

そうして時間をコントロールすることで、家族で食卓を囲む、就寝時間と起床時間を崩さない、週末はお父さまと遊ぶ時間をつくるなど、家族で決めたルールや楽しみは続けていきましょう。

親が子どもと同じ目線になれるかが重要です

家庭学習を上手に進めるためには、ご両親がお子さんの目線になってともに問題を解き、ともに考えるという姿勢が大切です。大人の目から見れば「当たり前」「簡単」なことばかりであっても、お子さんにとっては「初めて知ること」がたくさんあります。「初めて」知ったときに、「面白い」「楽しい」と思えるにはどうしたらよいか工夫しなければなりません。

例えば、お教室で学習したペーパーに「急須」が出てきたけれど、お子さんが分かっていなかったなら、実際に急須を用意して、お茶を淹れる様子を見せてあげてください。「お湯がお茶の色になって出てくるんだよ。やってみる?」と声を掛けてみましょう。微妙な手の動きが必要になるので、お子さんはワクワクしながら急須を使うでしょう。

そのあとで、ペーパーの復習をすると、急須そのものの名前だけでなく、使い方や使ったときの気持ちも同時に記憶がよみがえり、お子さんの中に「急須」という言葉が定着するのです。

親が楽しんでいることは、子どもも「面白そう」と思えるものです。普段の生活のなかでも、親子で遊ぶときには、親も楽しんで、とことん一緒に笑い、体を動かしてください。親の楽しむ姿が「楽しさの原点」になっていれば、学習になっても「一緒に学ぶ」楽しさを受け入れることができます。そして、思い切り遊んだ子は、学習への集中力も備わっていきます。

反対に、初めから、上から目線で子どもに「やりなさい」と強制してしまうと、楽しさもやる気もそがれてしまい、逆効果となってしまいます。お子さんの目線に立ってどうしたらお子さんにもっと楽しんでもらえるかを意識するようにしたいものです。

スランプに陥ったらどうしたらいい?

さまざまな分野の学習を進めていくと、スランプを感じることがあると思います。今まで順調だったのに、四方観察が登場した途端に、全体的に出来が悪くなったという声もよく聞かれます。四方観察は一つの物をいろいろな角度から見て、どのように見えるかを問う問題ですが、自分中心の目線で思考をする幼児にとっては、かなり難しい分野で、苦手なお子さんがたくさんいらっしゃいます。そうした苦手な分野が登場したときに、お子さんのなかに「やりたくない」「難しい」という気持ちが芽生え、学習全体に負荷がかかってしまうことがあります。

ペーパーで躓いた場合は、ペーパーのなかでも苦手分野のものは少しの期間だけお休みをして、得意分野のペーパーだけをやらせるようにします。そうすることで「できる」という自信がついて、休んでいた苦手分野にもまた新たな感覚で取り組むことができます。

また、具体物での実体験が不足している場合は、積み木やさまざまな具体物を置いて、実際にどう見えるかを確かめ、確かめた内容を絵に描くことで実体験の数を増やしていきます。お子さんが少しでも進歩していたら、たくさん褒めてあげましょう。

苦手な分野に関しては焦らないことが基本です。周りのお子さんの習得レベルが高いのを目の当たりにすると焦ってしまうケースが多いのですが、わが子の力を信じて、「わが子のペース」を大事にしましょう。苦手分野に関しては、ペーパーでなく具体物で学習させることを優先するのがおすすめです。

親不在で家庭学習をさせても意味がありません

10年ほど前までは、ご両親ともに働いているご家庭の小学校受験は珍しく思えましたが、近年は、お母さまもフルタイムで働いているご家庭が増えてきました。ご両親が一生懸命、そして生き生きと楽しく働いている姿をお子さんに見せることで、お子さんも「大人になるって楽しいんだ」と感じることができれば、それはすばらしいことです。

しかし、その忙しさを理由に「ペーパーをこれだけやっておきなさい」と、毎回、お子さんだけに学習を任せ、お子さんのいないところで丸つけをして終わらせるのは困ります。ご両親としては、山積みになった完了済みのペーパーを見ると満足しがちなのですが、ペーパーは量よりも、学びの質が大切です。

お子さんがペーパー学習をする際には、隣に座って見てあげる、もしくは目の届くところにいてあげてください。ペーパーの1問1問に、さまざまな学びがありますから、丸つけは必ず一緒にします。たとえ間違えていても「バツ」ではなく別の角度から質問をしてみて、正解が出れば「マル」をつけてあげましょう。

お母さんが仕事で忙しく自分で見られない分、子どもの家庭学習のサポートをしてほしいという家庭教師のご依頼もあります。とにかく一人で学習させないことを、ご両親は意識してください。

小学校合格後の子どもの姿も視野に入れておきましょう

小学校受験のゴールは「合格」ではありません。その後の、中・高・大学の学生生活でも、楽しんで学習を続けられ、友人や先生とのコミュニケーションを良好に構築するための準備期間だと私は考えています。今後の人生を生き生きと過ごしていけるように、広い視野をもって、伸びしろのある子どもに育つように受験準備の期間を過ごしてほしいと思います。

意識してほしいポイントは二つです。

一つは勉強を嫌いにさせないこと。小学校入学以降が科目学習のスタートです。それまでの準備期間ととらえて、「完璧」を求め過ぎないようにします。満点を取らなくてもいい、できないことがあってもいい。そうした懐の広さをご両親がもつことが大切です。

もう一つは、周りのお友達のよいところを見つけて素直に褒めたり、時には手を貸してあげたりしてともに協力し合うことを、日常生活の中で心掛けてほしいと思います。ご両親が「他者を認める」発言やふるまいを見せていると、お子さんも自然と思いやりの心をもつようになり、人に優しくできるようになります。

一人ひとりみんな違う個性があるけれど、それらをひっくるめて「人」を好きになれるように導くことで、小学校入学以降も、ともに高め合い、すてきな友人関係をつくり、楽しい学びを継続できるようになるはずです。

「継続は力なり」経験値を上げてあげましょう

ペーパー学習の進め方の基本は、年中の秋頃から問題集の基本事項の全領域を、まず1巡やりとげます。1巡目はできない部分がたくさんあると思いますが、楽しみながら、とにかくすべての領域に向かい合うことが大切です。

その後、2巡、3巡と繰り返し挑戦することで、基礎力がつき応用問題や過去問に対応できるようになり、模擬テストでも得点できるようになります。全領域に穴や抜けがないように、遅くとも年長夏前までには基本事項はすべて押さえておく必要があります。

気をつけてほしいのは、習熟度が上がっていかないとしても、お子さんのせいにしないことです。できない理由は、学習の不足というよりは、生活のうえでの実体験の不足だからととらえてください。親の責任として受け止め、机上ではなく、経験の数を増やしてペーパーへの対応力をつけるのがご両親の役目です。

特に積み木、ブロック、図形遊び、すごろく、折り紙など遊びのなかで獲得できる経験を増やすことで、必ずペーパーの力はついていきますし、巧緻性や運動も同じです。縄跳びができないのは、やった回数が少ないからで、折り紙が上手に折れないのも数をこなしていないからです。

できないのではなく経験不足なのです。とにかく継続は力なりを実践していきましょう。

「遊ぶこと」はペーパー特訓の何倍もの効果があります

ペーパー試験に必要な知識は本来、家庭のなかで自然に培われるものばかりです。日本古来の遊びを家族との交流のなかで経験すれば、特訓をせずとも得られるものがたくさんあります。

個別テストの制作や巧緻性も同様で、昔からある日本の遊びのなかに、多くのヒントが隠されています。

ペーパーの訓練ももちろん必要ではありますが、「日本古来の遊び」を、たくさん経験させてあげることが、合格への近道であることは間違いありません。巧緻性、目と手の協応性、慎重性、勤勉さなど、さまざまな能力の伸びを期待できます。

お父さまが出番を心得ていると、子どもの能力はぐんぐん伸びます

小学校受験を笑顔で終えたご家族を見ていると、お父さまがお子さんと上手に関わっていらっしゃるように思います。

ペーパーなど腰を据えて学ぶものは、お母さまのほうが得てして忍耐力をもって付き合えるのですが、体を使って遊ぶ体験はお父さまの得意分野になるケースが多いと思います。

私が知る限りでも、毎朝、ジョギングをする、縄跳びの連続跳びに挑戦している、日曜大工をしている、月に1回、キャンプなど冒険をしているといった協力的なお父さまがいました。

お子さんにとって、お父さまとの遊びは「ちょっとした冒険」です。女性は危険やマナーに対するアンテナが張っていて、つい「やめなさい」「危ないでしょ」という言葉が出てしまいがちです。

その点、男性は周囲を必要以上に気にせず、自分たちがいかに楽しむかを考えて行動する方が多いようです。父子の世界にはできる限りお母さまは口出しせず、お父さまとお子

さんの秘密の領域を大事にしてあげましょう。

お父さまとの有意義な時間を過ごしたお子さんは、受験準備の後半でグンと伸びることが多いように感じます。ぜひ、お父さまの出番をつくってあげてください。

［第3章］

「試験ではどこを見られているのか？」を知れば、家庭でやるべきことが見えてくる

名門小学校が求めている子ども像

合格をいただくために、最低限必要なことはなんでしょうか。

結論から先にお伝えすると「受験する小学校が求めている子ども」であるかどうかです。

名門小学校の校長先生や教頭先生のお話の中で、どの学校の先生も共通しておっしゃるのが「自分のことを自分でできる自立した子」「他者を尊重し、ともに協力して、集団生活のなかで人に迷惑をかけない」「自ら考え、行動できる」の3点でした。

私の教えたお子さんではありませんが、学習面では非常に優秀なお子さんが、ことごとく上位の名門小学校で不合格になったケースがありました。そのお子さんは学習することのみをご両親に課せられ、身の回りのことはすべてお母さまがサポートしていたそうです。

もちろん、受験準備として、リボン結びや包む作業、洗濯ばさみの使い方や服の畳み方など、出題に予想される日常作業の練習はしなければなりません。

いざ、第一志望の試験となったときに、「バスタオルを物干し竿に干す」という課題が出されました。そのお子さんはタオルを竿にかけたあと、タオルの周囲に10個以上の洗濯ばさみをつけたのだそうです。

洗濯ばさみをスピーディに留める、外すという訓練をしてきたため、バスタオルが飛ばないように洗濯ばさみを使うのではなく、いかに早く、たくさんの洗濯ばさみをつけられるかが大切だと思い込んでしまったようです。

本来は、お手伝いをするなかで身につけることができたはずです。

反対に、ある女の子は、小さな頃からお母さまの手伝いをするのが習慣になっていました。自分の身の回りのことはもちろん自分でしますし、料理、洗濯、掃除なども、幼児とは思えない手つきでできるようになっていました。

彼女の第一志望は、毎年生活習慣を行動観察の試験に出題する最難関校でした。行動観察について特別な準備はしていませんでしたが、見事、合格。ちらかった物を道具箱に整理整頓する課題だったようですが、なんのためらいもなく丁寧に作業できたようです。

自分のことは自分で、自ら考えて行動するというのは、一朝一夕ではかないません。日常のなかで、お子さん自身に任せる部分を少しずつ増やしていきましょう。失敗したりうまくできなくても、「こうしたらもっとかっこいいね」と励ましながら、どうすればうまくできるかも、お子さん自身が模索し壁を乗り越えていけるように応援してあげてください。

お手伝いに関しては無理強いせず「タオルを畳んでくれると、ママすごく助かるの。お願いできる?」と、声を掛けてみてください。人のために何かをして喜ばれる。その心地よさを実感させてあげましょう。

必ずしもリーダーシップの取れる子でなくてもいい

「うちの子は、積極性がなくて困ります」
「人の後ろをついていくタイプです。受験には向きませんか?」

といった、お子さんの性格について悩まれているご両親は少なくありません。心配される気持ちは分かりますが、それには及びません。

集団生活にはいろいろな性格の子がいることで、切磋琢磨したり、助け合ったりしてお互いに成長していきます。ですから、積極的な子もいれば、大人しくてみんなの話をじっくり聞くタイプの子もいていいのです。それぞれの子どもが、それぞれの個性を活かしてこそ、集団生活の意味があるのです。

必ずしもリーダーシップの取れるお子さんが有利ではありませんから、その点は安心してください。そもそも、全員がリーダータイプだったら、かえってまとまりが悪く、集団としてうまく機能しなくなってしまいます。

試験に遊びの時間や、集団での行動観察があるのは、「自分の都合だけでなく、みんなのことを考えられるか」を先生方は見ているからです。グループで協力して作業するような課題が出たときに、ちょっと面倒な作業も地道に頑張るとか、意見が割れたときに調整できるとか、困っている子に声を掛けられるとか、その子の性格の良い面が表せればよいのです。

自由な校風で有名な小学校に合格された女の子は、声が小さく自分から積極的に発言するタイプではありませんでした。ですが、人の話をよく聞き、協調できる子で、模擬試験でも行動観察はいつもほぼ満点を取っていました。本番でも彼女の良さを出せたのだと思います。

基本的な生活習慣が身についているか

「自分のことは自分でできる」ことが大切であると説明しましたが、基本的な生活習慣については、何も考えずにできるようルーティンをしっかり確立しておいてください。

手洗いうがい、脱いだ服は畳む、使ったものは元に戻す、落としたものは自分で拾うなど、ごくごく当たり前なことですが、「手を洗った？」「ちゃんと元に戻しなさい」と言われなくても、自然にそうした行動が取れることは、受験を考えるのであれば大前提となります。

もし、今の時点でできていないのであれば、ぜひご両親が見本を見せて、家族みんなで生活習慣を見直してみましょう。

家庭のなかで挨拶をちゃんとしていますか？　お父さまは玄関で靴を揃えているでしょうか。テレビを見ながら食事をしていませんか？　読んだ雑誌や新聞をテーブルに置きっぱなしにしていませんか？

お子さんはご両親の背中を見て育ちます。ご両親が正しい行動のお手本を見せて、お子さんにも「お兄さん（お姉さん）になったとき、できるとかっこいいよ」と、習慣を促していきましょう。

以前、行動観察の試験中に、自分が使い終えたウエットティッシュを「はい」と試験官に手渡したお子さんがいました。これでは「ゴミを自分で捨てず、お母さまに渡して捨ててもらっている子」と判断されてしまいかねません。

ゴミ箱が用意されていたら自分で捨てに行けば問題はなかったですし、見当たらなければ「ゴミ箱はどこにありますか？」「どこに捨てたらよいですか？」と質問できればよかったのです。

短い試験のなかであっても、ご家庭でのお子さんの様子が表面化することは多々あります。日常生活の当たり前を、しっかり身につけさせるのはご両親の大切な役目です。

社会的常識や道徳観を普段から伝えておきましょう

個別テストや面接で、車いすや優先席のマークを見せられて「これは、どんな人のためにありますか？」と質問されたり、横断歩道で困っているお年寄りの絵を提示され「こんなとき、あなたなら何と言ってあげますか」と聞かれることがあります。

非常に難易度の高い質問です。マークなど提示されたものの意味が分かっていることが前提ですし、それに対して、自分の言葉で、自分の気持ちを話さなければなりません。

こうした試験をクリアするためには、社会的常識や道徳的な心遣いについて、普段から親子で話しておく必要があります。

点字ブロック、優先席、盲導犬や聴導犬などを外出先で見かけたら、意味を丁寧に説明してあげるとともに、自分たちがどのような行動をするべきかをお子さんと一緒に考えてみてください。

また、公共交通機関では、お年寄りや体の不自由な人には席を譲る、大声で話さない、走らないなど、公共のマナーについては厳しく指導しましょう。「静かに本などを読みたい人もいるかもしれない、体の調子の悪い人もいるかもしれないから、大声で話したら迷惑になる」など、具体的な理由と併せて教えていくようにしてください。

外遊びをたくさんすることが運動神経を高める近道

マット運動やボール投げなど、運動が試験に出題されることがあります。運動の苦手なお子さんの場合、ご両親は気にして焦るのですが、受験で出される課題にレベルの高いものはありません。年齢相応の運動神経が発達していれば十分クリアできるものです。

もう少し分かりやすく言うと「子どもらしく、たくさん体を動かして成長してきたか」を見られているのです。ですから、外でたくさん遊んできた子が断然有利になります。

小さい頃からお父さまと毎週末プールに行って遊んでいた女の子は、運動センスが磨かれて運動が大好きになり、最難関校に合格することができました。試験前によくサーキット運動の練習をしていましたが、動きが機敏で美しく、試験本番でも先生方の目に留まったのだと思います。私の中でも強く印象に残っている事例です。

今の時点で、同月齢のお子さんに比べて運動神経が弱点だと感じるようであれば、今日から親子で体を動かす遊びをたくさん行ってください。

歩く、走る、ジャンプする、キャッチボール、縄跳び、前転、プール遊びなど、体を動かす遊びを取り入れましょう。大人が思うより、幼児期の運動神経の発達は目覚ましいものがあります。

少し慣れてきたら「今日はここまで、ボールを投げてみよう」「縄跳び20回にチャレンジ」など目標を決めると、チャレンジ精神も鍛えられます。練習した数だけ確実に伸びていきます。

また、試験での運動課題は、「何を何回やる」などの指示を聞いて覚える必要もあります。親子で遊ぶ際にも、「ボールを3回ついてから、あそこの木まで足でドリブルして帰って来る」など、ゲーム感覚で指示をしっかり聞く練習をしておくのがおすすめです。

ミスの許されない行動観察。行儀やマナーは普段からの積み重ねが大切

行動観察では一つのミスが命取りになってしまいます。

床に寝転んでしまう、知り合いの子を見つけておしゃべりしてしまう、同じグループの子と喧嘩をしてしまうなど、どれだけ事前に注意してもハプニングは起きてしまいます。

ミスを防ぐには、普段からＴＰＯをわきまえて行動すること、オン（ここぞと頑張るとき）とオフ（リラックスしてよいとき）をしっかり区別して行動すること、重要な場面ではスイッチを入れて頑張ることを声掛けしていくことです。外食するとき、公共交通機関で移動するときなどに行儀よく振る舞えるよう、日頃から家族で話して実践できるようにしておきましょう。

また、チーム戦でゲームをさせる試験が毎年出題される小学校があります。お教室ではいつもみんなで「頑張れ」と声を掛けることができていても、本番で、「頑張れ」と第一声をあげるのは勇気のいることです。

それだけに、こうしたシーンで最初に声を出せると好印象で、先生方にもキラリと光った子に映るでしょう。特に倍率の高い小学校を受験する場合には、こうした日頃の態度が自然に出ることによって評価され、合格への近道になることがあります。ご家族で遊ぶときにもお互いに励まし合い、「頑張れ！」と応援する姿勢を普段から身につけておきましょう。

［第4章］

語彙を増やし、表現力と記憶力をアップさせる「言語メソッド10」

語彙や表現力の豊かさは、小学校受験になくてはならないスキルです。それらを育てるために、家庭内に用意したほうがよいグッズ、家族で実践してほしい行事、行っておきたい場所があります。

学習としてというよりも、日本人としての常識に親子で親しむ気持ちで触れてみましょう。

最低限これだけは押えてほしい10項目を紹介します。簡単に準備のできるものばかりです。

メソッド① 昔ながらのグッズを用意しましょう

小学校受験のペーパーには、昔から日本で使われている道具や行事がたくさん登場します。現在のご家庭からは姿を消しているものもたくさん出てくるので、ふつうに生活しているとお子さんだけでなく、ご両親も「見たことがない」ものがあるかもしれません。

最低限これだけは、実物を用意して、実際に使ってみてほしいものを挙げておきます。100均などで安価に手に入るもので構いません。

日常的に使用していても、意外に名称を知らないもの、その他知っておいたほうがよいものも含め紹介していきます。どのように使うのか、その用途についてもお子さんが自分で話すことがテストで求められていますので、お話しできるようにしておきましょう。仲間分けや個別テスト、質疑応答の対策にもなります。

◆キッチン

急須（持ち手が棒状のもの）　土瓶（持ち手が蔓状）　やかん　せんぬき　しゃもじ　泡立て器　おたま　フライ返し　ざる　巻きす　おしぼり　お盆　茶こし　茶たく　たわし　菜箸　箸置き　重箱　お椀　茶碗　湯飲み　コーヒーカップ　すりばち　すりこぎ　ボウル　まな板　包丁　ポット

◆家具類

こたつ　たんす　ざぶとん　食器棚　障子　ふすま　床の間

◆**道具**

ラジオ　砂時計　柱時計　ちり取り　竹ぼうき　熊手　トング　はたき　バケツ　風呂敷　懐中電灯　のこぎり　かなづち　カンナ　くぎ　ペンチ　虫メガネ　メジャー　編み棒

◆**衣類・履物**

浴衣　着物　はっぴ　ゴム草履　下駄　足袋　スリッパ　ネクタイ

◆**遊び道具**

けん玉　羽子板　独楽　ラケット　シャトル　まり　ビー玉　おはじき

◆**その他生活用品**

こけし　うちわ　扇子　電球　蚊取り線香　花瓶　マッチ　ろうそく　封筒　切手　はがき　てるてる坊主　テント　クリップ　ホチキス　消しゴム　洗面器　たらい

メソッド②　イラストや写真を見て知ってほしいもの

メソッド①では家庭内にあるものをお伝えしましたが、自宅外にあるもののなかでも、名前を覚えてもらいたいものがあります。

外出先で見つけたら、名前とどのようなものなのかを説明し、写真に撮っておきましょう。実物を見られないのであれば、イラストや写真を何度か見せて、名前を定着させましょう。しりとりや、「あ」で始まるものや、４つの音の名前のものを選ぶ試験問題などに対応するためには、正しく名称を覚えておく必要があります。

ここに示した以外にも、動植物の名前などは、図鑑を利用するなどしてチェックしておきましょう。生き物の名前は「お馬さん」「おサル」のような言い方は卒業して、正しい名称と発音でご両親も話すようにしてください。

◆外で見つけてみたいもの

案山子　神輿　鳥居　田んぼ　畑　横断歩道　歩道橋　ガードレール　橋　吊り橋

鉄橋

◆乗り物

自動車　オートバイ　自転車　三輪車　一輪車　トラック　ダンプカー　クレーン車
パワーショベル　ロードローラー　飛行機　グライダー　ヘリコプター　飛行船　気球
ロケット　新幹線　ヨット　船　帆かけ船　タンカー

◆植物

松ぼっくり　フクジュソウ　つばき　さざんか　すいせん　ヒヤシンス　シロツメクサ
たんぽぽ　チューリップ　桜　ふじの花　バラ　朝顔　アジサイ　ひまわり　おしろい花
コスモス　すすき　きく　ききょう　りんどう　野菜の花いろいろ

◆季節や行事のもの

門松　しめ縄　しめ飾り　鏡餅　臼　杵　七草がゆ　おせち料理　雑煮　すごろく　羽

根つき　福笑い　独楽回し　かるた　枡・やいかがし（柊いわし）　スキー　スケート　ひなまつり　ひし餅　鯉のぼり　かぶと　柏餅　ちまき　菖蒲湯　梅雨　七夕　短冊　扇風機　十五夜　七五三　ちとせあめ　ゆず湯　大掃除　大晦日　除夜の鐘　年越しそば

メソッド③　カレンダーを手作りする。ご褒美シールも活用できます

リビングに貼るカレンダーは、月末に翌月の分を親子で手作りしましょう。

大きめの画用紙を準備し、ベースとなる日付の部分は、記入欄の広いカレンダーを切り抜いて貼り付けます。空いているスペースに、その月に関連するものを飾っていきます。絵を描く、折り紙や写真を貼るなど、お子さんの自由な発想を活かしてあげてください。

メソッド③　親子で手作りしたカレンダー

数字の部分は、ご褒美シールを貼るスペースです。

服を自分で畳む、お手伝いをする、おも

ちゃを片づけるなど、親子で交わした約束を果たせたら、寝る前にシールを貼っていきます。

お父さまやお母さまも自分たちに約束を課して、お子さんと同じように一緒にシールを貼っていくと、お子さんのモチベーションになります。お父さまが日曜日に英語の勉強をする、お母さまが毎日、お花の手入れをするなど、ご両親もお子さんから見て分かりやすい目標を立ててみてください。

年長さんになったら、日めくりカレンダーの数字を指でちぎらせて、その日の枠にのりで貼らせるのもおすすめです。ちぎる動作が苦手なお子さんは案外多くいらっしゃいますが、毎日の積み重ねで力の入れ加減が分かるようになってくるはずです。

メソッド④　家族で過ごした季節の行事は写真を撮っておきましょう

季節に関することは、必ず出題されると言っても過言ではありません。ご家庭で日本の文化に親しんでいるか、自然環境と触れ合って生活してきたかを見られていますから、付け焼き刃ではなく、日々、季節感を大切に生活するように意識しましょう。

季節ごとに花が豊富に見られる公園へ出かけたり、ちょっとした山登りにチャレンジしたり、野花や虫の観察をするのもよいでしょう。虫の苦手なお母さまもいらっしゃると思いますが「触りたくない」など否定的な言葉を使わずに「小さい生き物も、一生懸命ご飯を運んでお仕事してるね」と、命の大切さにつながる話ができるようにしてください。

最近は日本古来の行事よりも、バレンタイン、ハロウィン、クリスマスを盛大に祝うご家庭が増えているようですが、小学校受験を意識するなら、日本の代表的な行事を経験するように意識しましょう。

既定どおりの飾りつけをするだけでなく、折り紙や絵を使ってオリジナルの飾りも作りましょう。行事の日が過ぎたら、作ったものを画用紙に貼って保管します。ペーパーで出題されて忘れていた物や行事の名前を振り返る、最適な教材になります。

季節ごとの料理も、親子で手作りしましょう。お手伝いをさせながらたくさん話をして、行事の内容をお子さんに伝えていきます。料理ができたら写真に撮って、部屋の壁に貼っておきましょう。お部屋に貼るときは春夏秋冬の順番でそれぞれの季節がめぐってくるようにし、季節ごとに色画用紙の色を変えてその上に貼ると、時の流れが目に見えておすすめです。

◆覚えておきたい言葉と必須行事

正月　豆まき　ひなまつり　お花見　田植え　端午の節句　茶摘み　梅雨　七夕　夕涼み　夏祭り　花火　盆踊り　海水浴　お月見　稲刈り　紅葉狩り　七五三　大掃除

◆親子で作る料理

おせち料理　七草がゆ　ちらし寿司　ちまき　かき氷　月見団子　年越しそば

メソッド⑤　季節の歌、手遊びを親子で楽しみましょう

近年、幼稚園や保育園で、童謡を歌う頻度が減ってきているようです。ご両親も童謡を歌ってこなかった世代になってきています。

しかし童謡のなかには、美しい日本語がたくさん使われていますし、季節の行事を想起させる情景が描かれていたりします。自動車での移動のときには、童謡をＢＧＭにして、

親子でたくさん歌ってください。家の中でも、朝起きたらテレビではなく、童謡を流すくらい徹底してもよいと思います。

また、童謡を題材にした手遊び歌も大切です。行動観察で手遊び歌が出たときに、初見のお子さんは周りを見回すだけで、楽しく行動できなくなってしまいます。お風呂で湯船につかりながら、あるいは、電車やバスのちょっとした待ち時間に実践していきましょう。巧緻性、協応性、リズム感などを養う練習にもなります。

◆歌っておきたい童謡

お正月　たこのうた　豆まき　どじょっこふなっこ　うれしいひなまつり　はるがきた　春の小川　さくらさくら　チューリップ　ちょうちょう　ぶんぶんぶん　めだかの学校　こいのぼり　背くらべ　あめふり　かたつむり　てるてる坊主　かえるのがっしょう　おたまじゃくしはかえるの子　ほたるこい　たなばたさま　うみ　花火　ふるさと　赤とんぼ　月　うさぎうさぎ　うさぎとかめ　虫のこえ　もみじ　どんぐりころころ　真っ赤な秋　村まつり　ゆき　たきび　おおさむこさむ　にらめっこ　あんたがたどこさ　一寸法

師　浦島太郎　かもめの水兵さん　とおりゃんせ　ドロップスのうた　とんぼのめがね
おもちゃのチャチャチャ　さんぽ　シャボン玉　しょうじょうじのたぬきばやし

◆知っておきたい手遊び歌

ずいずいずっころばし　茶摘　みかんの花咲く丘　むすんでひらいて　大きなくりの木のしたで　お寺の和尚さん　げんこつやまのたぬきさん　いとまきのうた　おべんとうばこのうた　おにのパンツ　おちゃらかほい　グーチョキパーでなにつくろ

メソッド⑥　絵本の読み聞かせで人の気持ちに気づかせましょう

読み聞かせが大切な第一の理由は、お母さまやお父さまの優しい声がお子さんの心に響いて気持ちも落ち着き、大好きな両親の愛情を感じるほっとしたひとときになるからです。お子さんをひざにのせて読むなど親子が密接できる時間が、お子さんにとって大きな安心感と幸福感となります。

第二の理由には、絵本が「人の気持ちに気づける子」を育てるという点が挙げられます。

アニメやドラマでは、登場人物が自分の気持ちを顔や体を使って表現しています。ですから「この人は悲しがっている」「これは楽しいお話」と簡単に理解できます。

しかし、絵本は1枚の絵の中に展開が凝縮されているので、「想像力」を働かせて楽しむことになります。自分には起こり得ない設定のシーンがたくさん出てくる絵本の世界で、「うれしい」「悲しい」「わくわくする」といった感情を読み取っていかなければなりません。

絵本を読み聞かせるときに、「感情移入をした読み方ができません」と悩むご両親がいらっしゃいますが、大げさな演技は必要ないのです。優しい声で、ゆっくり読んであげれば大丈夫。その代わり「わくわくするね」「このあとどうなるのかな?」「○○ちゃんだったら、どうする?」「お母さんならこうしようかな」など、絵本には書かれていない、お母さまの言葉を挟んでいきましょう。

お子さんは絵とお母さまの声から、自分なりの世界をつくって絵本を楽しむはずです。そうして「こういうときに悲しい気持ちになる」「楽しいってこんな感じ」というのを自然と学んでいくのです。

個別テストでは、お話を聞いて「いちばん面白かった場面はどこですか？」「このときの○○の気持ちはどうだったと思いますか？」と質問されることがよくあります。「犬が出てきたところです」ではなく、「犬が喜んでしっぽをたくさん振るところが面白かったです」と具体的な情景を言葉で返すことができたり、「悲しかったと思います」ではなく、「大切な宝物をなくして、悲しくて涙が止まらなかったと思います」と、登場人物の気持ちを表現できることが試験では求められています。

絵本の読み聞かせは0歳からスタートしてほしいのですが、今からでも遅くはありません。習慣のないご家庭では、今日から始めてください。最初は文字の少ないものからスタートしましょう。読み聞かせに慣れていないと、お子さんが飽きてしまうかもしれないからです。

『いない　いない　ばあ』のように、文字がほとんどない絵本でも構いません。「笑った顔だね」「面白い絵だね」と、絵の感想をご両親が話すことで、お子さんも自然と絵本を楽しめるようになっていくはずです。

メソッド⑦　同じ絵本を繰り返し読み聞かせる

読み聞かせを習慣にしていると、同じ絵本を「これ読んで」とお子さんが持ってくることがあると思いますが、「何度も読んでいるでしょ」「昨日も読んだよ」と、断ることは絶対にしないでください。

同じ絵本を何回も読むと、いつの間にかお子さんは文章をすべて覚えてしまいます。これにより語彙力や表現力が自然と蓄積され、話し言葉に出てくるようになります。

私の指導したお子さんのなかに、年長の夏から受験の準備を始めた男の子がいました。遅いスタートでしたが、いざ学習を始めてみると、お話の記憶の問題が初めから正解率90%以上。ご両親に報告すると、小さな頃から大好きな絵本があり、その本を何回も読み聞かせていたと教えてくれました。繰り返し同じ文章を読み聞かせることの大切さを実感した事例です。そのお子さんは秋には見事志望校に合格されました。

もちろん、同じ本だけでなく、さまざまなジャンルの絵本にもチャレンジしていきましょう。昔話は日本のものだけでなく、各国のものを読むことで、服装や食事など、世界には多様な文化があることを知ることができます。広い世界を知ると、お子さんの興味も広がり、将来の夢をもつきっかけにもなるはずです。

寝る前には絵本を何冊か読むのが理想で、一冊はお子さんが選び、もう一冊はご両親が選ぶのもおすすめです。

メソッド⑧　言葉遊びをたくさんしましょう

多くの言葉を獲得する幼児期は、言葉遊びを楽しめる時期でもあります。しりとり、同じ音から始まる言葉集め、「ん」で終わる言葉集め、かるたなど言葉遊びを親子で楽しみましょう。

形容詞や動詞の語彙を増やす工夫も必須です。語彙の少ないお子さんは、なんでも「すごい」の一言で表現をすませていることがあります。そこで、「ゾウ」というお題を出して、「とても大きなゾウ」「のそのそ歩くゾウ」のように形容詞や動詞をつけた文章作りを親子でやってみましょう。

楽しみながら語彙を増やす方法として私が特におすすめしているのは、五味太郎さんの

『言葉図鑑』（偕成社）です。絵と言葉がセットになっていて、親子で順番に言葉遊びをすると楽しく、とても役立つと思います。

語彙が増えてきたら、連想ゲームやなぞなぞもたくさんやりましょう。お話作りが苦手なお子さんの場合は、親子で一文ずつ話してストーリーを作る遊びに挑戦してみてください。お父さまが加わると、新たな視点が加わった面白い文章が挿入されて、膨らみのあるお話になっていくと思います。

メソッド⑨　「お話の記憶」を得意にするコミュニケーション術

小学校受験では記憶力を問われる出題が必ずあります。そのため、覚える力を伸ばさなければ……と躍起になるご両親がいますが、記憶力を育てるために大切なのは、経験や感情を思い出せるようにしておくことです。

幼児期のお子さんの脳の中にはたくさんの余白がありますから、実は暗記には苦労をしません。同じ言葉を繰り返し言わせれば、音としての言葉はすぐに覚えてしまいます。しかし「お話の記憶」のように、言葉が複雑に絡み合った文章を覚えるのは、多くのお子さんが苦手とする部分です。

克服するには、記憶をスムーズに蘇らせる練習が必要で、何より大切なのは日々の親子のコミュニケーションになります。私がおすすめしているのは、園から帰宅したお子さんに、園での様子を質問してみることです。

気をつけてほしいのは「今日はどうだった?」「楽しかった?」のようなあいまいな質問は、お子さんが「うん」や「楽しかった」と答えて会話が終わってしまうので避けましょう。「何の歌を歌ったの?」「給食（お弁当）のおかずで何がおいしかった?」と具体的に聞いてあげてください。するとお子さんは園での体験を記憶として蘇らせ、そこから派生するさまざまな出来事を話し始めます。

お子さんの話には必ず反応してあげてください。言葉が間違っているときは否定せず、正しい言葉づかいでオウム返しをするだけで十分です。経験を思い出しながら自分の言葉で話すことを繰り返していくことで、「お話の記憶」が得意になっていくはずです。

また、絵本の読み聞かせにより、頭の中にイメージを描けるようになるので、日々積み重ねていきましょう。継続は力なりです。

メソッド⑩　商店街を散歩すると発見がいっぱい

この章の前半で、物の名前や行事を知る大切さを伝えましたが、その一環として商店街を散策してみるのは面白い体験になります。

金物屋さんでさまざまな道具を発見したり、魚屋さんで切り身ではない魚を見たり、八百屋さんで季節の野菜を確認してみるのもよいです。

たくさんの店を一度に回る必要はありません。一日に一店舗と決めて「どんなものが売っているか見に行こう！」と、親子でワクワクしながら買い物に行くのもおすすめです。

［第5章］

図形のセンスを磨き、生き物の知識を身につける「認知力メソッド10」

大人にとっては当たり前の数の概念や、図形の違いも、幼児にとっては新しい世界です。基本を分かっていないお子さんに、いきなり問題をペーパーで解かせようとしても無理なのは当然です。特に図形に関しては、ペーパー上だけで正解を導くのはたいへん困難で、実際の図形（積み木などの具体物）で体験することが重要になります。パズルやブロック、積み木などで遊び、空間認識力を身につけるのが先決です。

また、生き物や物の性質など、理科的な知識を問う問題も、受験には頻出されますが、こちらも遊びの体験を通して知識を深め、記憶に残していく必要があります。

多種多様な遊びのなかに、受験に必要な力を育てるアイデアを組み入れていってください。

メソッド⑪　日常生活のなかで足し算、引き算の概念を育てましょう

1歳くらいのお子さんでも「いくつ？」と聞くと、人差し指を立てて「1」と示しますが、実際に「1」が1つだと理解しているわけではありません。

1つの物を見て「1」、2つの物を見て「2」という概念がもてるようになるには、数

メソッド⑪　日常生活のなかで数の概念を育てましょう

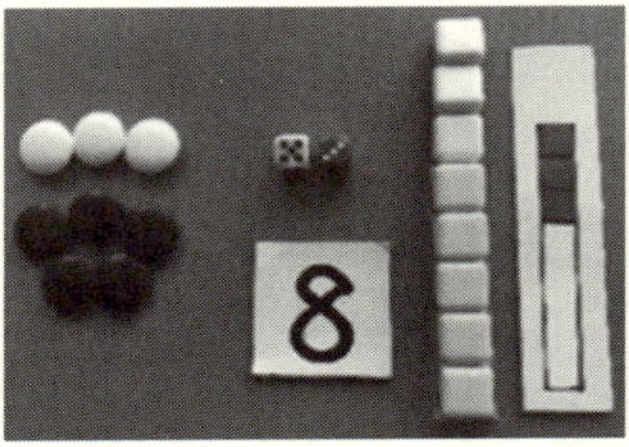

どれも「8」です

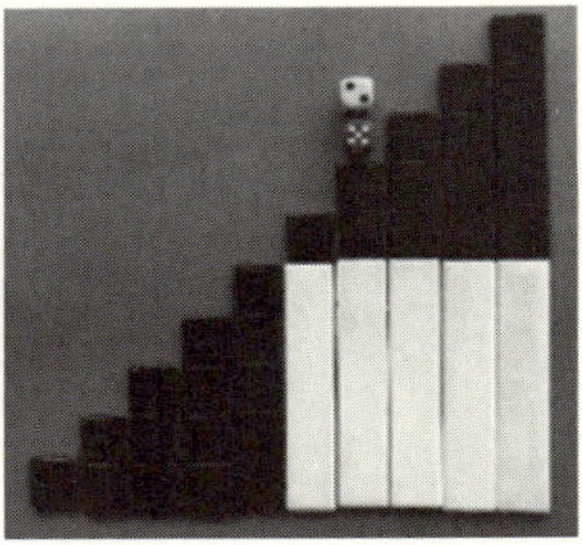

タイルで「1」から「10」までの階段を作ります（「7」は「5」と「2」）

の概念が備わっていなければなりません。さらに、「5」「10」を認識するのはかなり高いハードルになります。

5つのおはじきを見て、即座に「5」と答えられれば、5までの概念をもっていると判断してよいのですが、指を折って数えるとか、指差しながら数えているのであれば、概念の定着には達していません。5以上の数に関しては、5の塊とそれ以外、つまり8であれば「5」と「6、7、8」と数え、「5」と「3」で「8」、「12」であれば「5、10」と「11、12」と数え、「10」と「2」で「12」と理解できるようになるのが理想です。

ただし、数を認知できる年齢には個人差があります。ほかの子ができているからと焦らず、遊びやお手伝いのなかで数の概念を定着させていきましょう。

例えば、おやつに小粒のキャンディーを用意して、全部でいくつかを数えさせたり「2個ずつに分けて」とお手伝いをさせます。目で見て「2」がすぐにとらえられるようになったら「3」「4」「5」とレベルを上げていきます。

5までの概念ができたら、どんなものでも「3つ」は「3」で表せることを理解させます。キャンディー3個、バナナ3本、ブロック3つがいずれも「3」であることは、大人には当たり前ですが、大きさや形の違うものが「同じ3」だと分かるのに時間がかかる子もいます。「大きくても、小さくても3なんだね」と、ことあるごとに数字の意味を話してあげてください。

百玉そろばんは数の概念を育てる良いおもちゃです。できれば5つの塊で色分けされているものをおすすめします。使い方はいろいろあるのですが、お母さまがお話をしてあげて、登場した動物の数を百玉そろばんで数えていく方法は、お話の記憶と数の概念が一石二鳥で練習できる遊びです。

「森の中で、リスが2匹、ウサギが3匹遊んでいました。そこにサルが1匹リンゴを持ってやって来ました。動物は何匹だった?」

このような問題を親子で順番に出し合います。記憶と数の概念、さらに足し算の練習にもなります。勉強ではなくクイズ形式で、正解したらシールを貼ってポイントを競うなど、遊び感覚を忘れないようにしましょう。


引き算はさらにハードルが上がります。5個のリンゴを目の前に置き「リンゴが5個ありました。2個食べると残りは何個?」と聞いても、「5個あるのに、なんで?」と思うのがお子さんの思考です。ですから、最初は、小さなクッキーなどを使い「5個あったのに、〇〇ちゃんが1個食べたら4個になっちゃったね。5個から1個なくなると、4個になるんだね」と伝えます。

それから「今、4個あるけどママが2個食べたら、いくつ残るかな?」と聞いてみてください。2個と答えが導けなかったときには、ママが実際に1個ずつ食べて、残りの数を一緒に確認していきます。

応用編は「今は2個あります。あといくつで5になる?」などの虫食い足し算です。小学生なら「5－2＝3」と式を立てるところですが、小学校受験では「5」は、「2」といくつでつくれるかを考えて回答を導き出します。

メソッド⑪　手作りの10玉そろばん

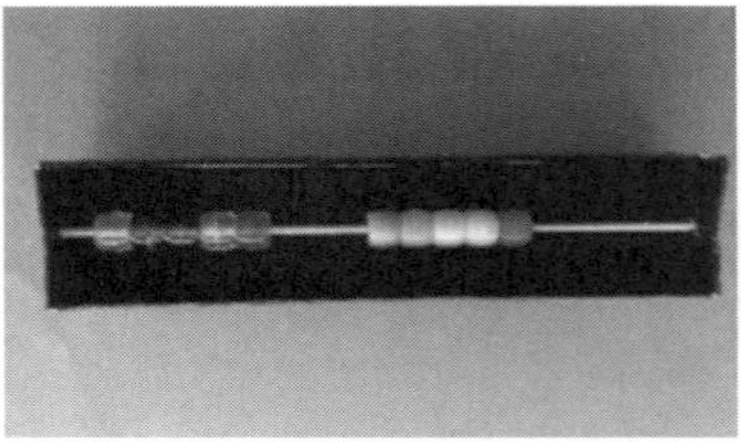

空き箱とゴム紐、大き目のビーズで10玉そろばんができます。５個ずつ色の種類を変えてみました。

ブロックや積み木遊びのなかで「5階建てにしたいのだけど、今、2階まで作ったの。あと何階作ればいいんだろう」というような質問をしてあげましょう。遊びながら、数の仕組みが自然に身についていきます。

ほかにも、タイル、数ブロック、おはじきなどの具体物を使って遊んだり、お風呂の中で1～100までの数表を一緒に読むのもおすすめです。数表は1～10が1段になっていて10段で100までが完結しているものを用意すると、10進法の認識につながります。

メソッド⑫　積み木は無限の可能性を秘めたおもちゃです

積み木は年齢を問わず遊べるすばらしいおもちゃです。

メソッド⑫　積み木は無限の可能性を秘めたおもちゃ

ご両親が遊び方を強要せず、自由に遊ばせてあげてください。お子さんが遊び方に迷っているようであれば、ご両親が横で自分なりの遊びを展開すると興味をもっと思います。

積み木をマンションやビルに見立てて「1、2、3」と指で数えながら「何階建てのビルができたかな」とお母さまがつぶやくと、お子さんも真似して数えるかもしれません。目と手を使って数えることで数への認識が深まっていきます。

また「1階はタヌキさんの部屋」と言いながら屋上を指でポンとたたき、「2階はウサギさんの部屋」でポンポン、「3階はライオンさんの部屋」でポンポンポンと叩くのも数を認識させるための遊び方です。隠れたところの積み木も自然と認識できるようになります。

立方体、直方体、三角柱、円柱、円錐など、積み木のさまざまな形を使って、上に物を載せられるのはどの形か、どのように置くと上に積めるのか、どの形を重ねるとより高くなるのか、どの組み合わせだとどんな形状にできるのかを考えたり、いちばん高く（低く）積むにはどうやって積んだらよいのかなどと遊んでみるのもおすすめです。

例えば、お題を書いたカードを何枚か用意して、ゲーム感覚で積み木を使う方法もあります。お題カードには「家」「車」「タワー」「お城」などの絵を描いておきます。親子それぞれが、最初に積み木を10個ずつ選び、お子さんにカードを引いてもらいます。出たお題に沿って積み木で各自が制作をしていきます。

勝った負けたより、ここが良かったとか、この積み木があればもっとうまくいったとか、感想を述べ合うことを大事にして遊んでほしいと思います。

四方観察が苦手なお子さんの場合も積み木でたくさん遊ぶのがおすすめです。

メソッド⑬　図形の学びには折り紙を活用しましょう

図形や等分の苦手なお子さんは、折り紙を使って遊ぶのがおすすめです。以下のようなアイデアを実践していくとよいでしょう。

❶2等分、3等分、4等分、5等分、6等分、8等分に折ってみる。どんな折り方があるかを、親子で試してみましょう。

❷折ったときに、どんな線がつくか試してみましょう。折り線を鉛筆でなぞったり、いくつの部屋ができたか印をつけて数えてみます。

❸折り紙を半分に折り、好きな場所に直線を引き、そこを切ると何枚になるかを実験します。数回

メソッド⑬　折り紙の活用1

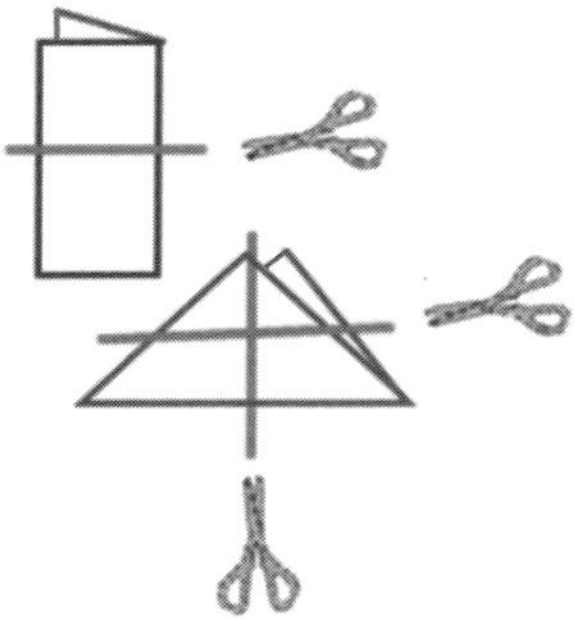

メソッド⑬　折り紙の活用２

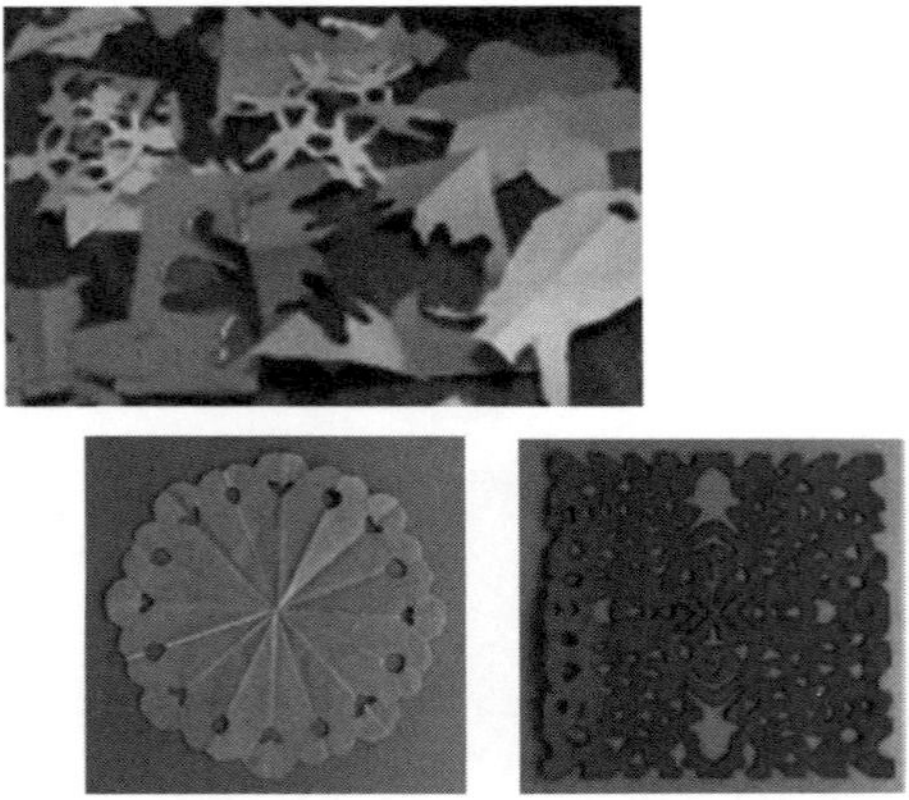

ハサミが大好きになったお子さんが作った模様。

折ってから切ってみると、どうなるかも試してみましょう。

❹折り紙を半分や3等分、4等分などに折り、切り込みを入れて開くとどんな模様になるか試してみましょう。ハサミで切り込みを入れてもいいし、ちぎるのも巧緻性の向上にはおすすめです。きれいな模様ができたら、色画用紙に貼って、部屋に飾ってあげましょう。

❺家族の誕生日やイベントがあるときには、折り紙で輪つなぎを作って部屋を飾りつけしましょう。

何色かの折り紙を縦に8等分にハサミで切ります。あらかじめ色の順番を決めてから輪をつないでいきます。親子で色の指示を出し合うと、楽しみながら記憶の訓練をすることもできます。

メソッド⑬　接着にはのりを使用

接着にはのりを使いますが、壺のり、スティックのりなど、さまざまな形状のもので練習しておきましょう。特に指でつけるタイプの壺のりは、使い慣れていないと適量のさじ加減や、汚れた指の処理に困り、本番の試験で失敗してしまうことがあります。作業前に濡れタオルやウェットティッシュを用意させるなど、準備もお子さんと一緒に行いましょう。

❻正方形の折り紙を4～10ピースくらいにランダムに切ってパズルを作ります。元の折り紙の形に並べる競争に親子でチャレンジしてみましょう。形を見極める練習とともに、指先の巧緻性の訓練にもなります。折り紙を常に持ち歩い

ていると、レストランの待ち時間なども飽きずに過ごすことができます。

メソッド⑬　折り紙の活用３

メソッド⑭　お風呂で楽しく体積と浮力の学びを

お風呂は理科的思考力を養う絶好の場です。単純なことでいえば、お父さまが湯船に浸かるとお湯の量はどうなるか、湯船から出るとどうなるか。お子さんのときとどう違うかを遊び感覚で学びます。

お風呂場には透明の容器で割れない素材のものをいくつか用意しておきましょう。太いもの、細いもの、変わった形のものに、同量の水を入れたとき見た目がどのように変わるかの実験です。

また、浮くものと沈むものの実験もたくさんしておきましょう。大きめのたらいなどをキッチンの流し台に用意して実際に浮くか沈むかを親子で想像しながら遊びましょう。

チェックしておきたいアイテムは以下の通りです。

メソッド⑭　お風呂やキッチンで体積と浮力を学ぶ

水をはったたらいに野菜や果物、水を入れたグラスにビー玉やおはじきなどを入れて、浮くものと沈むものを遊び感覚で学びます。

◆食べ物…リンゴ、バナナ、スイカ、ピーマン、キュウリ、タマネギ、ジャガイモ、サツマイモ、ニンジン、カボチャ、トマト、オクラなど

◆道具…金属のスプーン、鉛筆、釘、電池、磁石、ビー玉、おはじき、水の入ったペットボトル、コイン、ハサミ、石、陶器のお皿、割り箸、クリップ、茶たく（木製）、ガラスのコップ、木の積み木など

野菜に関しては、作物が地上になるか、地中になるかで浮く、沈むの違いがあることに気づかせてあげましょう。後日、実際に畑を見学して、実のなり方までチェックできると記憶が定着します。落花生はどこになるのかも畑で見てみましょう。

メソッド⑮　おやつの時間は分割を学ぶチャンス

ホットケーキ作りはさまざまな学びのあるお手伝いです。遊び感覚でできますから、月に一回程度はホットケーキ作りにチャレンジしましょう。

手をきれいに洗う、ボールなどの道具を準備する、粉を量る、卵を割る、泡だて器を使うなど、お子さんにとっては一連の作業は心躍るものです。多少汚したり、失敗しても絶対に叱らず「だんだん上手になっている」と褒めて、一人でこなせる部分を増やしていきましょう。

ホットケーキが焼き上がったら、チョコペンなどを使って2、3、4、5、6等分に分ける線を描かせます。4等分は2本の線、6等分は3本の線で分けられる、半分にしたものをさらに半分にすると4等分になるなど、分割の仕組みが楽しく学べます。切るときに何回ナイフを入れるのか、その回数も数えてみましょう。

等分の理解には、ストローを使うのもおすすめです。ハサミで切って、2分割～8分割ができるように少しずつ練習をしましょう。カットしたストローはおままごとの食べ物に見立てたり、工作に再利用できます。ストローを切ると勢いよく飛んでいくことに気づき、どうすれば飛んでいかないように切れるかという工夫もできます。

メソッド⑯　タングラム、ブロックで模倣の練習をしよう

図形の問題に強くなるには、図形の模倣練習が大切です。遊びのなかに図形を取り入れて慣れさせてあげましょう。やった分だけ得意になります。

タングラムは模倣遊びの基本です。同じものを2つ用意し、ご両親が作ったものをお子さんが真似る、次はお子さんが作ったものをご両親が真似るというようにします。最初は横並びに座って、同じ方角から手本を見る、慣れてきたら向かい合って座りチャレンジです。

付属のお手本を見て作る場合には、一つできたらお手本にシールを貼っていくと達成感が味わえます。

ブロックは同じような模倣を三次元で遊べます。四方観察が苦手なお子さんは、立体の模倣遊びをたくさんやっておきましょう。

メソッド⑯　図形の模倣練習

メソッド⑰　一枚の紙から箱や立体図形を作ってみよう

立体図形の展開図は、幼児には難しいと思われるかもしれませんが、実際の試験でサイコロの展開図で向かい合う面を答えさせるものや、不足している面を書き足す問題が出題されています。

まずは11パターンのサイコロの展開図を作り、ハサミで切って組み立てさせ、そのサイコロを使ってすごろくをして遊びましょう。目の数は数字ではなく、「●」で表記し、見てすぐ1～6までが言い当てられるように、たくさん遊んでください。

メソッド⑰　サイコロの展開図

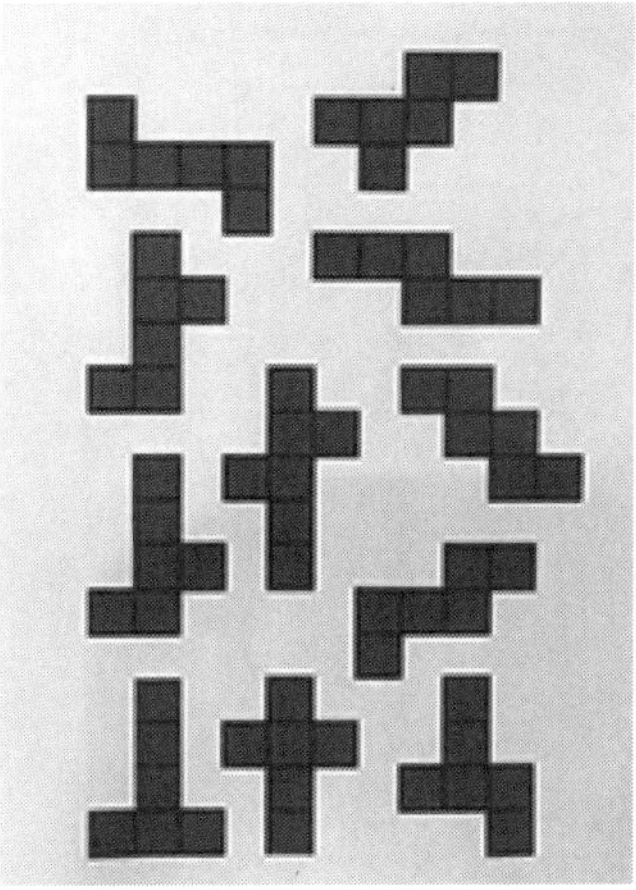

サイコロの向かい合う面の目の合計が7だということも、実際のサイコロを見て確かめてみましょう。

立方体以外の立体も、一枚の紙の展開

メソッド⑰　紙を使って建物を表現した工作

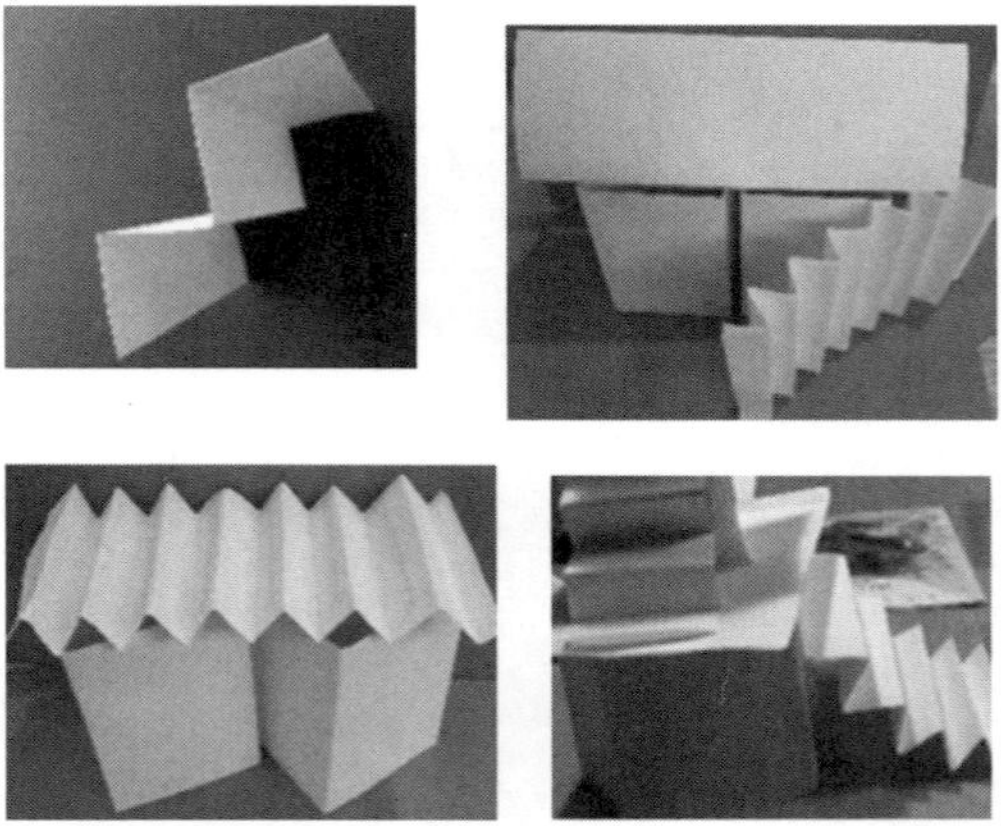

1枚の紙を蛇腹折りしたり、筒状にして立てるなど、さまざまな表現ができることを知っておくことが大切です。

図から立体が作れることを知るために、お菓子の箱などを壊してみます。そのあとで、実際に平面の展開図から組み立てると本当にお菓子の箱になったことを発見してください。

また、のりもセロハンテープも使わずに、薄いコピー用紙だけで立体的な家作りにチャレンジするのもおすすめです。ご家族なりにルールを決めて、親子で競うのもいいですね。壊れたら何度でもやり直しができるとか、お父さまにアドバイスをもらってもよいとか、制限時間を設けるものよいでしょう。

メソッド⑱　手作りの釣り遊び

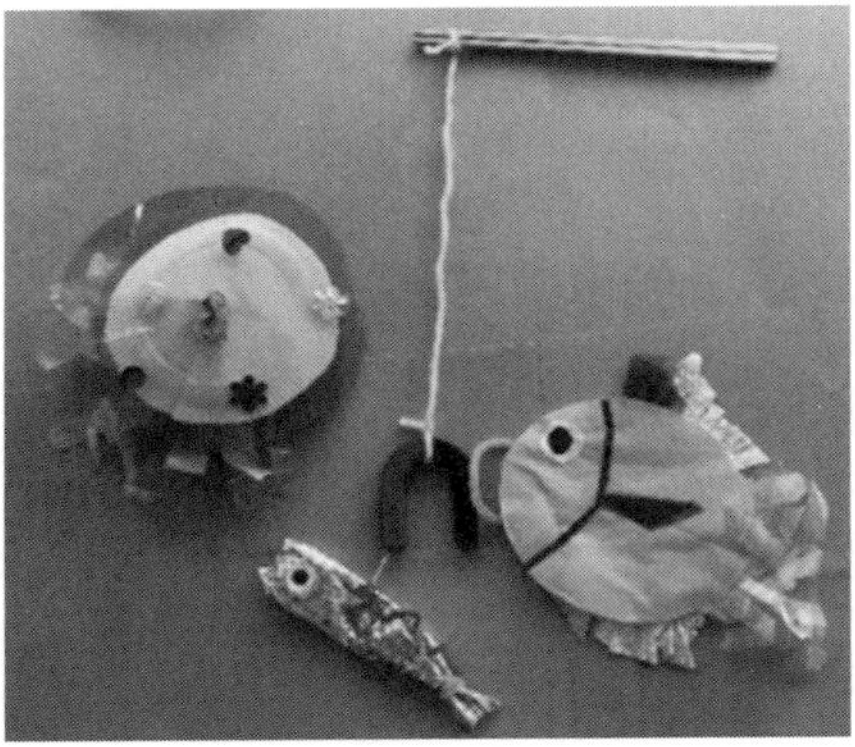

一枚では弱い紙も、折る、丸める、重ねる、積むなど工夫すれば丈夫になることが少しずつ分かっていくはずです。工作の対策にもなりますし、工夫力を毎年出題している小学校の対策にも役立ちます。

メソッド⑱「釣り遊び」で海の生き物と川の生き物を区別する

手作りの釣り遊びは、制作と遊び、理科的知識が身につく有意義なものです。

魚の絵を親子で描き、ハサミで切り、クリップをつけます。割り箸に毛糸をくくりつけ、先に磁石をつければ完成です。絵を描くのが難しければ、イラストや写真を切り抜いたものでも構いませんし、折り紙などで作るのも楽しいと思います。

海に住む魚や貝、川に生息する魚や昆虫を作り、海エリアと川エリアに分けて、簡単なイラストを描いた画用紙の上に置かせると、生き物の生息地を学ぶことができます。最近は、海や川で遊んだ経験のないお子さんも見受けられます。実際に体験するのがいちばんですが、難しければ魚釣りゲームで知識を蓄えておきましょう。

どこで何匹釣ったか、合わせて何匹か、どちらが何匹多く釣ったかなど、足し算、引き算を遊びのなかで学ぶこともできます。

メソッド⑲　家族で花や野菜を育てよう

大掛かりな家庭菜園を受験準備と並行して続けるのは大変ですが、ベランダのプランターでミニトマトやピーマンなどを栽培するとか、鉢植えで朝顔を育てるくらいであれば時間をかけずに続けられると思います。

植物の匂い、手触り、実際に食べた味など、自ら育てるからこそ、お子さんも積極的に関われるでしょう。水やりをお子さんに担当してもらい、水やりの際に植物がどのくらい大きくなっているかを確認させておうちの人に報告したり、成長の様子を絵日記などに描いて感想も書くとよいでしょう。

お世話をすることによって植物が育っていく様子を見ることで、「自分が育てた」という満足感や達成感が生まれ、あらゆる面でお子さんの自信にもなります。

また、一種類の植物を育てると、ほかの植物の話をしても興味がもてるようになります。種から育つもの、球根から育つもの、花がたくさんつくもの、一つだけ咲くものなど、花にもいろいろな種類があることを知らせましょう。図鑑を見たり、植物園に行くのもおすすめです。花が咲く季節だけでなく、種や球根を植える季節がいつなのかも親子で調べて、実際に体験してみましょう。

野菜に関しても、花の色、収穫の時期などは知りたいところです。近所に農家があれば、畑の様子をのぞきにいくのも手です。

また、野菜はさまざまな角度（縦・横・斜め）でカットしてスタンプ作りをしましょう。おじいさまやおばあさまに、野菜スタンプで季節の手紙を書くのもいいと思います。野菜と切り口のイラストを線で結ぶ問題の対策になります。

メソッド⑳　生き物を飼育し、撮影する

生き物の飼育にも家族でチャレンジしてみましょう。カブトムシやクワガタは世話が簡単なのでおすすめですが、虫が苦手なお母さまもいらっしゃると思います。その場合にはメダカなどの小さな魚類でも構いません。

水槽の掃除はお子さんには難しいかもしれませんが、毎日の餌やりはお子さんの仕事にしましょう。

飼育している生き物に関しては、足の数、足跡、生き物の親子関係、何を食べるのか、どこに住んでいるかなどを、一緒に図鑑で確認しましょう。

そのほかの鳥や動物、昆虫についても特徴を把握してほしいのですが、図鑑を見るだけでは記憶として定着しません。実物を見て、親子で一緒に絵を描いて、そのときに図鑑を見て確認するのがおすすめです。

実際の生き物を動物園で撮影したり、テレビや動画を利用して、生き物の特徴を何度も確認するのは記憶に残すための得策です。動物園ではお子さんにも動画や写真の撮影をさ

せると、帰宅後に見返すのが楽しくなるでしょう。

［第6章］

運動、工作、絵画……体や指先を使う試験に備える「巧緻性メソッド10」

通っているお教室にもよるのですが、ペーパー重視のお教室で学んでいると家庭でもペーパーの復習に追われ、絵画や工作の練習量が不足しがちです。とはいえ「絵を描きなさい」「工作をしなさい」と押し付けてしまっては、お子さんのやる気をそいでしまうことになります。

絵画や工作に関しては学習の一環として構えてやらせるのではなく、遊びのなかで自然と巧緻性や絵の描き方を会得できるように導きましょう。特に手先の巧緻性は、毎日のように手先を使わせることで伸びていきます。

また、運動能力も日々の遊びによって成長していきます。遊びのなかで何らかの課題に取り組めるように、これから紹介するメソッドを取り入れてください。

メソッド㉑　絵のうまさより迫力のある絵を描けるようにしましょう

お絵描きが苦手、あるいは好きではないお子さんの場合、まずご両親が楽しそうに絵を描く姿を見せてあげてください。上手に描けなくても構いません。人の顔や動物、お話の一場面など、おしゃべりしながらチャレンジしてください。

ご両親の楽しそうな様子を見ると、お子さんは必ずといってよいほど真似をしたがります。「やりたい」と言ってきたときには、どんどん描かせてあげましょう。お子さんが何を描いても口を挟まず、「出来上がりが楽しみね」と、完成まで描けるように声掛けをしてあげましょう。親子で楽しくお話をしながら、一枚の絵を一緒に描くのもおすすめです。

試験で高い評価を得られるお絵描きのコツは、画用紙に余白ができないように紙いっぱいに描くことです。お母さまも、できるだけ大きく描いてみせるようにしてください。最終的には、人物については正面と横の姿が描けるように、また、ひじやひざの曲がった動きのある絵が描けるようにしましょう。動物についてはひととおりの種類を、画用紙いっぱい迫力満点で描けるようにしておきたいところです。

また、完成した絵を見ながら、何を描いたのか、どんな気持ちで描いたのかを話せるようになっておく必要もあります。そこで、行事や家族旅行などのあとには、お父さまも含め、家族全員で絵を描く習慣をつけましょう。ご両親は季節の花や行事を表すものを必ず描き込むようにします。

描き終えたら、「いつ、どこで、誰と、何をして、どんな気持ちだったか」を家族で話し合います。最後に「その場所は暑かったですか？」「描かれているお団子はおいしかったですか？」などの質問をしてお子さんがそれに答えていきます。こうした家族の会話のやりとりが本番の試験に生きてきます。

絵を描く紙の材質、大きさ、使用する画材は毎回変えてみましょう。最低限、クレヨン、プラスチック色鉛筆、色鉛筆、マジック、絵の具には慣れておきましょう。絵の具は、色を混ぜて何色になるかの実験も楽しく遊べます。「赤、黄色、青のうち、２色を混ぜたら何色になるか」「水色や桃色はどうやって作る？」など、予想してから、実際に絵具を混ぜて色を作って実験してみましょう。

メソッド㉒　巧緻性を身につけるお手伝い

自分のことは自分でやれるようになることが大切です。この姿勢が身についているお子さんは巧緻性の伸びがとても良いように思います。逆になんでもお母さまが手出ししてしまうと、細かい作業の苦手な子になってしまいます。

「自分でやりたい」という気持ちを育てるためにも「待てる」ご両親になりましょう。

服や靴の着脱、園に行く準備、お風呂で体を洗う、歯磨き、明日着る服の準備、傘の開閉などは、3歳になれば十分にこなせます。もちろん、シャンプーや歯磨きは、不足を補ってあげる必要はありますが「できていないから」ではなく、「ママにもお手伝いさせて」とお子さんのプライドを傷つけない声掛けをしてください。

巧緻性の発達のために、ビーズ通し（写真）やちぎり絵もよいでしょう。「やらされる」より「自発的にやる」ほうが、成長は圧倒的にはやいので、何よりお子さんが楽しんで継続できるようちょっとした工夫をしてみてください。

メソッド㉒　ビーズ通し

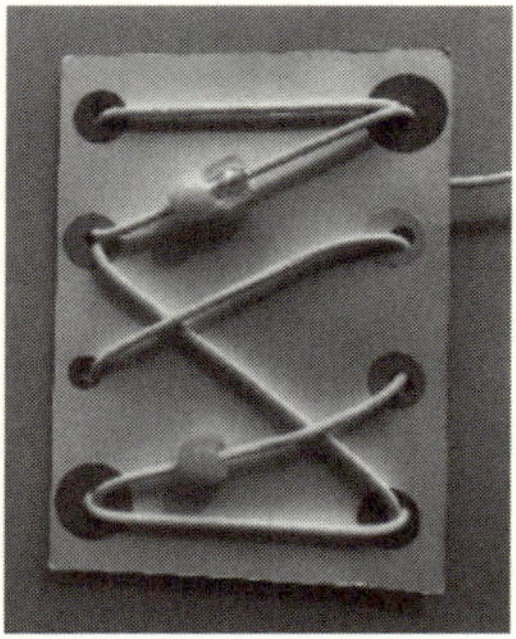

厚紙に穴をあけ紐やビーズを通します。

巧緻性にとって大切なのは「お手伝い」です。食事の支度の際に、台拭きを絞る、テーブルを拭く、箸を箸置きに置いてセットする、これを一日2回続けるだけでも、絞るときの手首のひねり方、指先の使い方が上手になります。

食器をお盆に載せて運ぶのはかなり難易度が高いのですが、慣れてくると上手に運べるようになります。実際の試験でお盆に載った工作の材料を運ばせる学校もありますから、食べ終わった食器を運ぶお手伝いはぜひさせてあげてください。お手伝いの時にはエプロンもつけて、エプロン結びにもチャレンジしていきましょう。

洗濯では、洗濯物を洗濯ばさみで留めたり、洗濯物を畳む作業があります。掃除では、ほうきとちりとりを同時に持つことで左右の手を使いこなす練習になります。お手伝いがすべて、お子さんの成長につながるのです。

小学生になると「お手伝い＝面倒くさい」になりがちですが、幼児のうちは「お手伝い＝楽しい」と思える時期です。お子さん用に道具をそろえてあげて、遊び感覚のお手伝いをたくさんさせてあげましょう。

メソッド㉓　お父さまの出番。動体視力と目と体の協応性を伸ばす遊び

小学校受験の準備は、お母さまが中心になって行っているご家庭が多いようです。仕事で帰宅時間が遅いことの多いお父さまにとって、毎日お子さんと密に関わるのは難しいかもしれません。

しかし、短期間の受験準備で第一志望に合格したご家庭の多くは、お父さまが自分の出番を心得ていました。すべてに関わろうとしなくてもよいので、得意な分野で協力してほしいと思います。

私が関わった父子は、毎朝10分のジョギングのあと、ダンスのレッスンを一緒にしていました。最初の頃は運動は苦手なお子さんだったのですが、1年後には足が速くなり、ジャンプ力も身につきました。このくらいの年齢のお子さんの運動神経は、やればやっただけ伸びます。

特に運動系は、お母さまよりお父さまが相手をしたほうがうまくいくケースが多いようです。「こうしろ」「ああしろ」と細かい指導をせず、楽しみながら一緒に体を動かしてくれるからです。お父さまに挑戦してほしい遊びを挙げてみましょう。

◆キャッチボール…最初はサッカーボールくらいの大きさで柔らかいボールを使います。両手キャッチで構いません。慣れてきたら、ボールの大きさを少し小さめにして、左右いずれの手でも投げられるようにしていきます。また、上にボールを投げ上げてまたキャッチする間に何回手をたたけるか、親子で競争してみましょう。

◆**サッカー**…ポールなど目印になるものをいくつか置いて、ジグザグドリブルの競争をしてみましょう。蹴る強さ、方向感覚、走る力など、多くの神経を使うので、運動能力を鍛えられる遊びです。

◆**ジョギング**…毎朝5分走るだけでも十分です。朝のさわやかな空気のなか、走る爽快感と達成感は自信にもつながります。朝食もいっそうおいしくいただけるでしょう。走り終えたらご褒美シールを貼るというのもアイデアです。ご褒美シールが10個集まったら好きなお菓子を買える、夕食に好きなメニューが出てくるなどもおすすめです。

◆**鉄棒**…初めはまっすぐぶら下がるだけでよいので10秒間続けます。慣れてきたら、豚の丸焼きポーズを5秒間続けてみましょう。お子さんの様子を見ながら、前回りや逆上がりにも挑戦して下さい。注意して見てあげてほしいポイントは、鉄棒を持つときに親指が下にくるように握っているかです。これを癖にしておかないと、いざ試験で鉄棒の課題が出たときに、すべって落ちてしまう可能性があります。

ほかの受験生の前で鉄棒から落ちるのは、お子さんにとって非常にショッキングなことです。そのような事態を招かないためにも、鉄棒で遊ぶときには常に親指をチェックして、「親指が下ね」と優しく声をかけてあげましょう。

◆足じゃんけんで勝負！

手でじゃんけんができるのは当然ですが、足じゃんけんも試験で出題される可能性があります。慣れていないとチョキのポーズがうまくできず、転んでしまうこともあります。

道具もいらず、時間もかかりませんから、じゃんけんをする機会があるときには足じゃんけんをお父さまが提案してあげましょう。

グー、チョキ、パーが明確に相手に伝わるようにポーズをとる、掛け声に合わせてタイミングよく動けるとよいです。たくさん練習をした子は、試験でも自信をもって立派に動けるはずです。

◆お父さま鉄棒で親子の絆も深まります

公園の鉄棒にチャレンジする前に、お父さまが鉄棒役になる方法があります。まず、お父さまとお子さんが向かい合って手をつなぎ、そのまま前回りや後回りをさせます。難しければ、最初はお父さまの足を登ってから前回りをさせてあげてください。こうした遊びを父子でたくさん行っておくと、いざ鉄棒を前にしたときにひるまず挑戦できます。

また、お父さまと体が触れ合うスキンシップは「パパは強い」「お父さんは力持ち」と思わせる大チャンスです。面接でお父さまのどんなところが好きか尋ねられたとき、「力持ちでたくさん遊んでくれるところです」という答えができるようになります。「お父さまとはどんな遊びをするのですか？」と聞かれたときにも、具体的に答えられると好印象になります。週にトータルで2時間以上は、お父さまとお子さんだけの時間をつくるように工夫してください。

メソッド㉔　手作りの道具で遊んでみよう

行動観察の試験でよく出題される、工作＋グループ遊び。自分で制作したもので遊ぶわけですから、工作がそれなりの完成度になっていないと遊びの時間にテンションがあまり上がらず、実力を発揮できなくなります。

どのような制作課題が出ても対応できるように、さまざまな材料で遊び道具を作ってみることが大切です。材料や道具は、小学校側が大量に用意できるものを想定すると以下のようなものが考えられます。家庭でも同様のものを用意して、いろいろな遊び道具を作って遊んでおきましょう。

◆用意しておきたい材料…新聞紙　割り箸　紙皿　紙コップ　プラスチックコップ　ペットボトル　ペットボトルの蓋　牛乳パック　発泡スチロールのトレイ　トイレットペーパーの芯　アルミホイル　ストロー　折り紙　お花紙　セロハン　紐　リボン　モール　ポリエチレンテープ　紙テープ　毛糸　輪ゴム　米粒　小豆　紙粘土　油粘土

メソッド㉔　手作りの道具

新聞紙で作ったヨーヨー
新聞紙の中につないだ輪ゴムを入れ込んで丸めます。

ペットボトルの空気砲
ペットボトルの底を包丁で切ります（ここはご両親が担当。包丁はガスコンロの火で熱くすると切りやすい）。本体は切り口にビニールテープを巻き、大きめの風船を半分ほど切ってかぶせ、しっかり留めます。持ち手はラップの芯を使います。好きな模様や絵を描いて空気砲の完成。的の紙には好きな絵を描いて離れたところに立て、空気砲の風船を引っ張るとペットボトルの飲み口の形の空気が飛んでいき的を倒します。

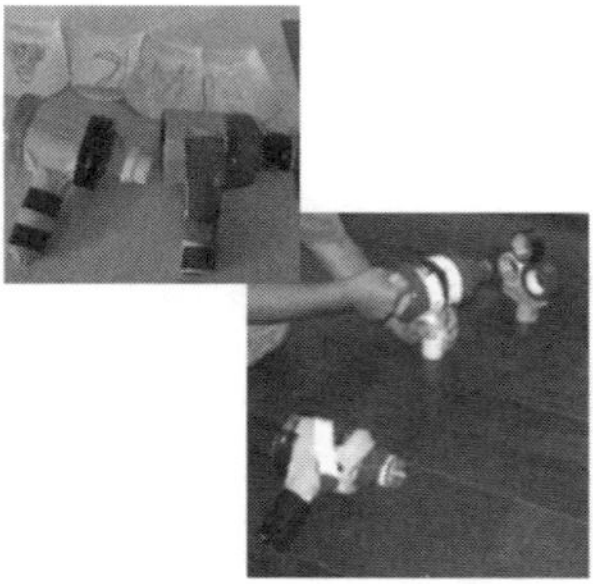

ペットボトルの底で作った独楽
切り取ったペットボトルの底の中心に（ご両親が）穴をあけ、つまようじを通すと、とてもよく回る独楽になります。きれいな模様を描いてみましょう。また、上に△◇などいろいろな形の紙に模様を描いてつけると、回ったらどんな形に見えるのか楽しく実験できます。

◆用意しておきたい道具…ハサミ　のり　セロハンテープ　ビニールテープ　ガムテープ　ホチキス　穴あけパンチ　割りピン

◆作って遊んでみたいもの…新聞紙を丸めたボールでキャッチボール　紙皿と割りばしで作ったラケットで風船バドミントン　新聞紙で作ったヨーヨー（写真）　ペットボトルマラカス　ペットボトルでボウリング　ペットボトルの空気砲で的を倒す遊び（写真）　ペットボトルの底の独楽（写真）　紙コップで作る糸電話　ストローネックレス（ストローを数センチにカットし、ひもに通す）　トイレットペーパーの芯で双眼鏡　ペットボトルの蓋をタイヤにした車

メソッド㉕　お布団の上で遊ぶのもやり方次第

運動の試験でよく出題される課題には、マット運動、動物の模倣、ケンケンパ、ドリブル、ボール投げ、的当て、平均台、ゴム段跳び（くぐり）などが挙げられます。このなかで、家庭内で遊びながら練習してほしいのがマット運動です。

ベッドや布団の上でゴロゴロ転がったり前転をするだけで、お子さんはいつの間にかマット運動を習得してしまうでしょう。ただ、ご家庭によっては、布団の上で遊ぶのは厳禁にしているかもしれません。どうしても布団の上で遊ぶのが許せないという場合は、マット運動のできるマットレスを用意してあげてください。

私は布団の上で転がる程度の遊びは許容してもいいと思っていますが、ご家庭の方針もあると思いますので、そこはご両親で話し合って決めてください。

最低限、できるようになってほしいのが、前転と丸太転がりです。

前転がうまくできない場合は、ひざを抱えて座り、起き上がりこぼしのように体を前後に揺らす練習から始めましょう。腹筋の使い方を覚えることで、上達につながります。前転をする際には、あごをひくことと、両手をしっかりマットにつける意識をもたせてください。

丸太転がりは、ミノムシやお芋ゴロゴロと呼ばれることもある横転です。腕を伸ばし、全身をまっすぐにした状態から横に転がります。最初は腕や足で勢いをつけてしまうので曲がってしまうこともあります。腹筋を使って曲がらずにリズミカルに回れるように腰を少し押してあげるとコツがつかめるはずです。

メソッド㉖　外遊びでやってほしいこと

習い事で忙しいお子さんも多いかもしれませんが、最低でも週に2回、1時間以上の外遊びの時間を設けましょう。子ども同士で遊んでいるときには自由に遊ばせてあげてください。子ども同士のやりとりのなかで、人間関係を学ぶ貴重な機会です。

それとは別に、親子で外遊びをする時間も必要です。その際は、何をするかご両親がイニシアチブを取ってもよいでしょう。事前に道具を準備しておき「今日は、○○をやってみない？」と提案してみてください。

縄跳び、リレー、ゴム段跳び、ゴム段くぐり、ケンケンパなどは、ルールを把握するためにも親子でやっておきたい遊びです。ボール遊びや鉄棒はメソッド㉓で紹介していますのでそちらを参考にしてください。

縄跳びについては、10回以上跳べるようになるのは必須です。練習すれば必ずできるようになるので、励ましながら達成していきましょう。大縄跳びも家族でやってほしい遊びの一つです。ジャンプ力と持久力に加えて、タイミングに合わせて運動機能を使う練習になります。

リレーはラップの芯などをバトンにして行います。ただ走るだけでなく、スキップリレー、ケンケンリレーなど、特別ルールを設けるのもおすすめです。

ゴム段遊びをしているお子さんを最近は見掛けませんが、跳ぶ、くぐる、リズムを合わせるなど、ぜひ、ご両親も一緒に挑戦してみてください。

ケンケンパは運動の試験で出題されることがあり、実際の試験ではフープがよく使われます。外遊びでは土に木の棒などで円をいくつか描いて遊びましょう。円を描く作業も楽しいので、準備から親子で行いましょう。

メソッド㉗　100円ショップの楽器で音当てクイズ

メソッド㉔で「手作りの道具で遊んでみよう」と紹介をしましたが、楽器については本物を手にしておくことも必要です。試験で用意されていた楽器が、初めて触るものであると、つい余計な音を出してしまったり、鳴らし方が分からず固まってしまうお子さんもいます。

タンバリン、カスタネット、ハーモニカ、マラカス、トライアングル、鈴などは、幼稚園や保育園でも本物の楽器に触れることができるでしょう。100円ショップでも手に入りますので購入してぜひ、演奏をさせてみてください。家族の誕生日や行事のときには、家族で演奏をしてみるのもよいでしょう。人前でパフォーマンスをすることに慣れる練習にもなります。

メソッド㉗　楽器で音当てクイズ

また、楽器を同時にいくつか鳴らして「何の楽器の音でしょうか？」と音当てクイズで遊ぶのもおすすめです。

メソッド㉘　簡単で楽しい工作にチャレンジ

行動観察の試験では、手先の巧緻性が重要なポイントになります。自分のことを自分でできるだけの巧緻性スキルがないと、入学後にほかのお子さんに迷惑をかけてしまうからです。

日常生活で自分のことは自分でさせるのはもちろんですが、切る、貼る、折る、ちぎる、すくう、つまむ、結ぶなどは、遊びのなかで訓練しておく必要があります。

巧緻性を高めるには、工作遊びをたくさんしておくのがおすすめです。ポイントは準備から片づけまでをお子さんと一緒にやること、そして物を大切にすることです。簡単で楽しい工作をいくつか紹介しておきます。

◆**ちぎり絵**…ベースの絵をクレヨンで描いて、好きな色の折り紙をちぎってのりで貼ります。いろいろなタイプののりを使用する練習にもなります。

◆**短冊**…色画用紙や折り紙をハサミで切り、穴あけパンチで1カ所穴をあけ、穴には輪ゴム、モール、紐、リボンな

メソッド㉘　ちぎり絵

かき氷
夏においしいかき氷をちぎり絵で作ってみました。好きなシロップも氷もちぎって貼り、器にも好きな模様を描きました。

メソッド㉘　マチ付きペーパーバッグ

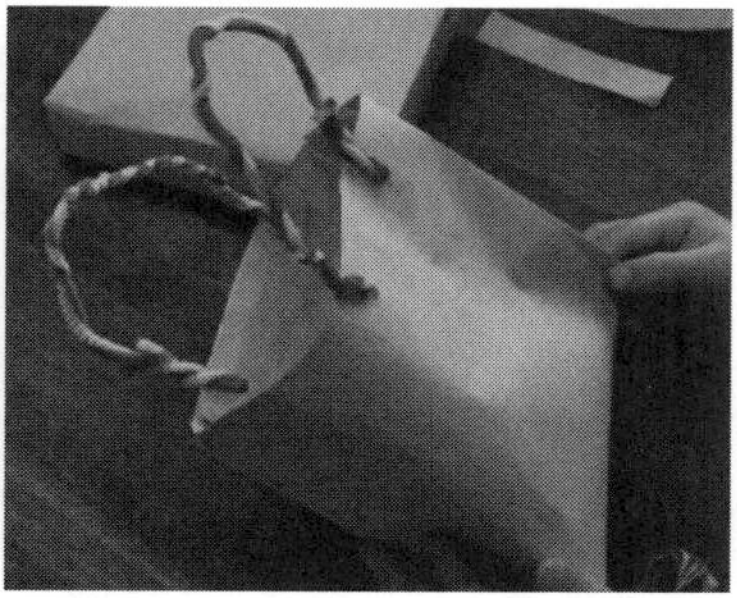

どを通します。リボン結びの練習にもなります。

この短冊を家族のメモ代わりに使います。お母さまは買い物リスト、お父さまは「○／○　夕ご飯いりません」、お子さん用には「縄跳び10回跳べるようになる！」と目標を書いてあげてもいいと思います。短冊はコルクボードやホワイトボード、冷蔵庫など、家族みんなの目に留まる場所に飾りましょう。

◆**マチ付きペーパーバッグ**…A４サイズの紙を２つ折りにして底と横のマチの部分を折り、のりで貼り、立体的なマチ付きのバッグを作ります。モールを２本ねじって持ち手にします。

◆**アルミホイル工作**…アルミホイルを使って、キッチ

メソッド㉘　アルミホイル工作

ン用品を作りましょう。

片手鍋、蓋付きミルクパン、グラス、蓋付きキャセロール鍋、お玉、お皿もみんなのカップも作りましょう。おままごとができます。ある女の子はガスレンジやフライパンもホイルで作り、おままごとを楽しみました。

◆塗り絵…ペーパー試験では鉛筆で書くことを求められます。指先の力の弱いお子さんがしっかりした筆圧で、まっすぐに線を引いたり、丸を書くのは簡単ではありません。練習が必要になりますが、線を引くだけ、丸を書くだけでは楽しくありません。

そこで塗り絵で運筆の練習をするのがおすすめです。市販のものではなく、ご両親が単純な形の絵を描いてあげて、まずその線を鉛筆でなぞらせます。それから好きな色で塗らせます。

自動車や家などが簡単でよいと思いますが、その中に○△□◇×十◎などの記号が入るようにします。自動車のタイヤや窓ガラス、ドアなどに記号を使うのがおすすめです。運筆については、最終的に記号を力強くきれいにすばやく書く、正方形や長方形の中に、2等分の線を縦にも横にもほぼ正確にまっすぐ引けるようになることが目標ですが、焦らずに遊びのなかで、鉛筆をたくさん使わせてあげましょう。

メソッド㉙　折り紙で作品を作り、飾りましょう

折り紙は最低でも3種類は完璧に制作できるものを用意しておきましょう。最初はうまくできないかもしれませんが、角と角を合わせる、折り目に指を沿わせて、指をアイロンに見立ててきれいに伸ばしていくことを少しずつ教えてあげてください。最初は左右の手で違う動きをするのが難しいかもしれませんが、だんだん上手になります。

何度も同じものを作らせて、上手にできたらリビングや玄関に飾ってあげてください。それより上手に完成できたら、古いものを捨てて新しいものを飾るようにして精度を上げていきましょう。

男の子のなかには、じっくり折り紙をするのが苦手なお子さんもいます。その場合には、手裏剣や飛行機など、折ったあとに遊べるものの折り方を教えてあげると楽しくでき、興味をもつようになります。飛行機を遠くまで飛ばす競争や、紙で作った的を手裏剣で倒すゲームなどを組み合わせて、折り紙に対して苦手意識をつくらせないようにしましょう。

メソッド㉚　ハサミの練習はお店屋さんごっこの延長で

お店屋さんごっこは記憶、数、言語など、さまざまな領域に関連する遊びです。

肉屋さん、魚屋さん、果物屋さんなど、お店の看板を作ります。商品は画用紙に絵で描きハサミで切り抜き、トレイやお盆に並べておきます。

お金は○△□の形を切り抜き、ニンジンは○3個、バナナは△2個で買えるなど決まりをつくり、店員さん役とお客さん役になって遊ぶと、自然に掛け算の概念が身についていきます。

何屋さんで何を売っているかを考えることで、仲間分けの練習になりますし、準備でたくさんハサミを使えるのも良いところです。

ハサミは刃の先で切るのではなく、大きく開いたハサミの刃の奥に紙を当てて切るように教えていきましょう。切り進む方向をコントロールしやすいですし、ブレーキをかけながら自由自在に線の通りに切ることができます。

［第7章］

親子で遊ぶ機会を増やして行動観察に強くなる「家族メソッド10」

小学校入学前のお子さんにとって、一緒に遊んで楽しいのは間違いなくお父さまとお母さまです。友達とではできないダイナミックな遊び方や、特別な場所に連れて行ってもらえるのも楽しみの一つだと思います。

ペーパー試験の練習のために机に向かわせる時間が多くなるとは思いますが、行動観察で高得点を取っているお子さんは、親や友達と遊ぶ機会を多くもっていました。

家族で相談しながら計画を練り、一緒に楽しむことで家族の絆が深まり、面接試験でも温かい家族の雰囲気が自然と伝わるはずです。お子さんも面接での質問に対し、実体験を話すことができますから、明るく豊かな表情で試験を終えることができるでしょう。

この章ではご家族で遊ぶさまざま方法を紹介していきます。

メソッド㉛　昔ながらの遊びやボードゲームを親子で楽しもう

メソッド⑤で季節の歌や手遊び歌を紹介しましたが、家族でさまざまな昔遊びやゲームをしておくことは受験対策としてとても大切です。

ルールを守る、負けても泣いたり怒ったりしない、片づけまでやりきるなど、家族だからといって甘えずにやりきることができるようにしていきましょう。

昔からある遊びのなかでは、「はないちもんめ」「かごめかごめ」「ずいずいずっころばし」「ハンカチ落とし」「だるまさんがころんだ」は必ずルールを把握させておきましょう。試験で委縮しないようにすることと、ルールを毎回少しずつ変えて、「こうでなければならない」という固定観念がお子さんのなかにつかないように工夫しましょう。

だるま落とし、福笑い、すごろく、あやとりなども、必ず遊んでおきましょう。だるま落としは力の加減を学ぶと同時に、道具を正しく扱う練習にもなります。福笑いは手ぬぐいを細長く畳み、自分で目隠しができるように練習しておきましょう。すごろくはサイコロの目を瞬時に把握する練習になったり、あといくつの目が出たらゴールに行けるのか、自然と数に親しむことができます。

ほかにも、ダイヤモンドゲームなどのボードゲームも親子でたくさん遊んでおきましょう。自分が勝ったときには負ける人が必ずいることを学び、思いやる言葉をかけられるようにご両親がお手本を示してあげてください。

メソッド㉜　ハードルは高いけれど「準備を自分でする」を積み重ねましょう

小学校受験を考えているのであれば、朝の着替えの手伝いをするのは今日からやめてください。「自分のことは自分で」が基本です。

加えて、毎晩、次の日に着るものを自分で用意させ、風呂敷に包むようにします。風呂敷包みは丁寧な作業が求められるので、毎日やっておくことが大切です。

旅行や遠足の準備も自分でできるように仕向けていきましょう。天気や緊急事態に備えて必要なものを親子で考えて、実際にリュックやバッグに詰めるのはお子さんにさせましょう。

もちろんいきなり完璧にはできません。いったん荷物を詰めたあとで、遠足のお昼休みを想定して荷物を出してみる、そしてまたしまってみる。そんなシミュレーションをしておくのも大切です。

あるお子さんは、家族で行くキャンプが楽しみで率先して必要なものを自分のリュックに入れて準備をしていました。「虫よけスプレーと懐中電灯は僕のリュックに入れたよ」

と、ご両親に報告してくれたそうです。キャンプのように大掛かりな準備でなくても、登園、習い事、親戚の家に行くなど、行き先や目的に合わせて、自分で準備をする習慣をつけていきましょう。

少し先の予測をして、そのための何をすべきか考えられるようになると、試験での行動観察で余裕のある態度が取れるようになります。

メソッド㉝　動物ごっこでクマ歩きを習得

動物の模倣は頻出項目ですから、親子でたくさん遊んでおくのがおすすめです。クマ歩き、アザラシ歩き、クモ歩きの3つは、コツがあるので必ず練習しておきましょう。

四つん這いになるクマ歩きは、ひざを床につけないように注意します。右手と左足で1歩目、次は左手と右足で2歩目、というように順番に前方に出すことで、スムーズに歩くことができます。

両腕だけで体を支えるアザラシ歩きは、ひじをしっかり伸ばし胸を反らせ、両足を伸ば

メソッド㉝　動物の模倣

すようにします。手をつく際には、指先を体の外側に向けると前に進みやすくなります。
クモ歩きは体育座りから、手を体の後ろにつき、お尻をもち上げて後方に進みます。右手を出したら次に左足、左手を出したら右足の順で後方に進みます。お尻の位置が手に近づき過ぎると倒れてしまうので、足を動かす幅を少なめにするのがポイントです。
他にも、カニ、ライオン、ゾウ、ウサギ、カエル、犬、猫、鳥、魚などの模倣もしておきたいところです。「何の動物の真似をしているか」を当てるゲーム形式にすると楽しめます。同時に、鳴き声や何を食べるかなど、それぞれに生き物の生態や特徴を言い合いっこするのもいいですね。

メソッド㉞　箸の正しい持ち方は必須です

女子校の試験ではお弁当の時間が設けられていることがあります。感染症対策で一時的に中止している学校が増えていますが、どこかのタイミングで復活するかもしれませんし、おままごとを使って、食事シーンを再現する試験が行われる可能性もあります。

食事のシーンでは、スプーンやフォークではなく箸を持たなければなりません。また、実際に食事をしなくても、箸を使ったゲームが行動観察で出題されることもあります。

正しく箸を使えるかどうかは、ご両親の基本的な教育姿勢を見られていると思ってください。ですから、毎日の食事で箸の持ち方を教えるのはもちろん、遊びのなかでも箸の使い方の練習をしておきましょう。

持ち方のコツは、親指は添えるだけにして、人差し指と中指を使う点です。下になった箸は動かさず、上になった箸を下げるイメージで人差し指と中指で上の箸先を下の箸先にパチパチさせます。まずはこれを練習しましょう。食事で使用する箸の長さは、お子さん

メソッド㉞　箸の使い方

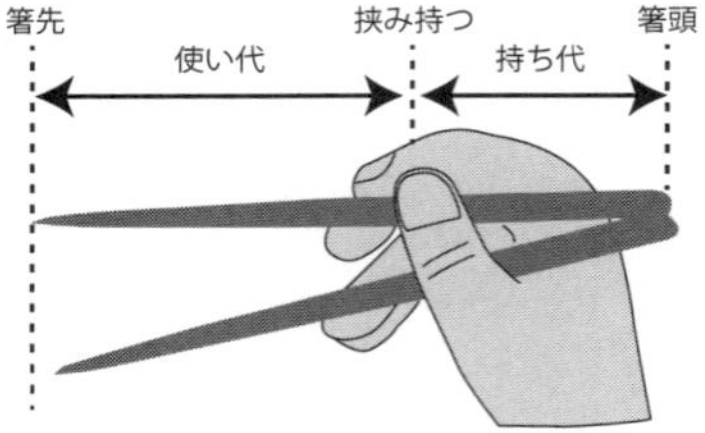

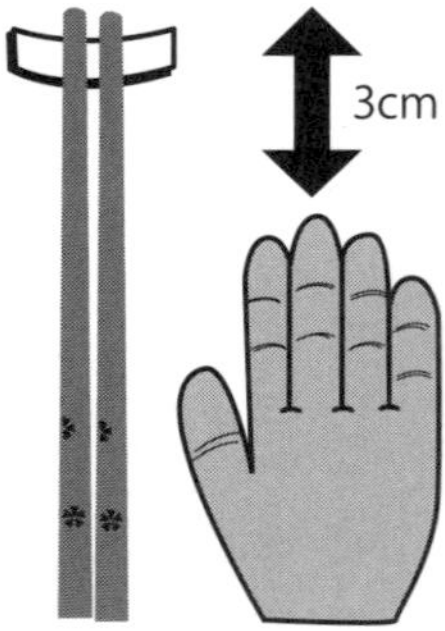

上の図は、正しい箸の持ち方です。長過ぎる箸、短過ぎる箸は使わせないようにします。右の図は、理想的な箸の長さです。手首から指先の長さにプラス３センチが目安です。

の手のひらの長さプラス３センチを目安にします。

遊びのなかで使用する箸は、素材や形の異なるものをいくつか用意して、どんな箸を試験で出されても対応できるようにしておきます。つまむものも多種多様に用意して、器から器に移す競争をしましょう。小さくカットしたスポンジ、さまざまな形のパスタ、ビーズ、小豆、短い紐、短く切ったストロー、おはじきなどでチャレンジです。

また、食事のマナーとしての箸の使い方も日々チェックしておきましょう。食べ物に箸をさす「さし箸」、箸をなめる「ねぶり箸」、箸で器を動かす「寄せ箸」、どれを食べるか迷う「迷い箸」などがマナー違反になることも教えておきたいところです。

食事中は足の裏がつくように座面や背もたれを調整、足元に台座を置くなどします。ひじをついて食べない、箸を持っていない手を正しく使うなど、美しく食べる姿勢が身につくようにフォローしてください。

メソッド㉟　買い物にチャレンジ！

買い物に一緒に行くときには、お手伝いを積極的に頼みましょう。「レタスを取って来て。キャベツと間違えないでね」「大根重いけど取って来られる？」と、必要な野菜を取って来てもらうようにします。野菜の名前を覚えるだけでなく、触った感触、重さ、匂いも同時に感じることができます。

個売りしている果物やキュウリなどは、「リンゴを2個袋に入れてくれる？」「1個100円だって。2個だといくらかな？」など、お手伝いと同時に質問も交えて、数の勉強もしていきましょう。

実際、小銭入れを持たせて、レジでお金を払う体験をさせるのもよいでしょう。もちろん、レジが空いている時間帯が前提です。ご両親がそばについて、店員さんには「お手数かけます」の一言を添えるようにしましょう。

私が関わったお子さんは、週に1回お父さまとお菓子屋さんに行くのを楽しみにしていたそうです。100円くらいで好きなものを買ってよいと言われ、何をいくつ買えるか、自分で考えて自分で払い、おつりを受け取る経験を普段からしていたこのお子さんは、数の置き換え問題を一度も間違えることがありませんでした。楽しみながら実体験したことが、学習に大いに役立つことを教えてくれた事例です。

メソッド㊱　交通ルールや公共のマナーを学ぶお散歩に出掛けよう

受験準備を始めるといつも時間に追われて、移動もマイカーやタクシーを使うご家庭が多いようです。しかし、日常の何気ない光景を感じられる散歩は、お子さんにとって学ぶところが非常に多いもの。月に1～2回は、親子で手をつなぎ散歩を楽しんでください。

公園や森などで四季の花や鳥を観察したり、季節ごとに変わる匂いを楽しむのもよいですし、無理にどこかへ行かなくても、一駅先まで歩いてみるだけでも十分です。

そのなかで、信号機の色がどういう順番でついているか、横断歩道の正しい渡り方、点字ブロックや目の不自由な方のための音響式信号機の意味、自転車での走行方法など、交通ルールを親子で学んでいきましょう。

切符を買って電車やバスに短時間乗ってみたり、車内で人の迷惑になることはどんなことか親子で話し合ってみるのもよいでしょう。実際の試験でも、電車内や道路のイラストを提示され「いけないことをしている人に○をつけましょう」といった出題がされることも多々あります。なぜいけないのか理由も尋ねられます。

普段からご両親が世の中と正しく向き合っているかを試されている試験です。机上だけでなく、実践で教えてあげるように意識してください。

メソッド㊲　キッチンは最高の遊び場

料理はお子さんの探究心をかきたてるものです。時間がかかるしキッチンが汚れるからと、料理の手伝いを敬遠するお母さまもいらっしゃいますが、ぜひ、たくさんの料理経験をさせてあげてください。今まで料理をしてこなかったお父さまであれば、一緒に参加するのもおすすめです。

最初は「混ぜる」「こねる」など指先を使うことからスタートしましょう。ハンバーグの生地を混ぜていくと粘り気が出てくる様子などは、お子さんにとってワクワクする瞬間です。

野菜を切るお手伝いも徐々にさせていきます。お子さんのサイズに合った包丁を用意したり、踏み台を使って力の入りやすい環境を整えてあげましょう。輪切り・半月切り・いちょう切り・千切り・乱切り・短冊切りなど、名称の由来とともに、切り方も教えてください。

慣れてきたら、献立を考えさせてあげるのもよいでしょう。お味噌汁の具、シチューに入れたい材料などをお子さんに提案してもらったり、買い物の途中で「カレーに何を入れたい？」と聞いてみると食や食材に対する興味が高まります。

気をつけたいポイントは「汚さないで！」「危ない！」とお子さんのやることを制止してしまうこと。ご両親の強い口調で楽しさが一気に失われてしまいます。そうならないためにも、料理の手伝いをさせる前に道具の使い方を説明したり、「危ないときだけは注意するね」とあらかじめ説明しておきましょう。

そしてお子さんが手伝ってくれた料理を食べるときには「いただきます」「ごちそうさま」をお子さんの目を見て言ってあげてください。「〇〇ちゃんが作ってくれたから、いつもより野菜がほくほくしておいしい」など、具体的に褒めてあげましょう。

小学校受験の面接では「どんなお手伝いをしますか？」と質問をされることがよくあります。普段から料理のお手伝いをしていれば「ハンバーグをこねるお手伝いをします」「サラダの野菜を切ります」と具体的な回答ができて好印象になります。

普段からお味噌汁を作る手伝いをしていたお子さんは「毎日、お味噌汁を作ります」と答えたところ「好きなお味噌汁の具は何ですか？」「だしはどうやってとるのですか？」「どんな順番で作るのですか？」など、面接で話が弾み、このお子さんは見事合格することができました。面接では実体験に基づくエピソードをたくさんもっていることが大切です。

メソッド㊳　家族の誕生日を有効利用

家族の誕生日や行事の際に、部屋を手作りの輪つなぎで飾る話をメソッド⑬でしましたが、さらにグレードアップして、さまざまなパフォーマンスをお子さんにさせましょう。

まず、誰かの誕生日が近づいてきたら、カレンダーとは別に「パパの誕生日まであと○日」のような日めくりカレンダーを作ります。そしてお母さまとお子さんで、数日前から準備に取り掛かりましょう。日にちの感覚を養う良い経験になります。

おじいさまやおばあさま、親戚、友人を招いてパーティをするなら、折り紙やお花紙での飾りつけ、ケーキやピザの人数分への分割、ペットボトルの蓋を開け、皆のコップにつぐ、お客さまにお盆でお茶を運ぶなど、お子さんが活躍できるシーンをたくさんつくってください。

万が一失敗しても絶対に責めたり笑ったりせず、「パパのために一生懸命やってくれてうれしい」とご家族の気持ちを言葉にしてあげましょう。

メソッド㊴　さまざまな職業を知るための社会科見学

たくさんの職業の名前を知っていることは、小学校受験では必須です。消防士、警察官（お巡りさんとはいいません）、お医者さん、美容師さんなど、施設や店を通り掛かったときに誰がいてどんなことをする場所か、少しずつ話してあげましょう。

実際に施設を見学できる機会があれば積極的に参加しましょう。警察署、消防署、牧場、農家、病院、魚市場など、さまざまな職業のプロがいる場所を訪れ、たくさんの仕事があることを教えてあげてください。

農業体験や乳しぼり体験にもチャレンジしましょう。普段、何気なく食べている食材が、どこでどのように作られているのかを知ることは貴重な体験です。お米は田んぼに植えられた稲から、野菜は畑から、牛乳パックは山の木からなど、お味噌やお醤油やお豆腐は……と、食にまつわるさまざまなルーツを親子で話し合う機会にもなります。

また、どんな道具が使われているかを目で見て、使わせてもらうことで名称を覚えるきっかけにもなります。ペーパー上で、「これはクワ」と教えるよりも、農業体験で実際にクワを持って、重みや使い方を体験すると、お子さんのなかの記憶が生きたものになり、語彙を増やすきっかけになります。

メソッド㊵　お父さまとの冒険はお子さんにとって貴重な体験

週末や長期の休みを利用して、お父さまとお子さんだけで冒険をさせましょう。お母さまの存在がないだけで、お子さんは少し緊張すると思いますが、その緊張によって「いつもより頑張る」姿を見せてくれるはずです。

山登りやハイキング、潮干狩り、虫捕りなど、どんなことでも構いません。遠出が難しければ、家の中にテントを張って、自宅キャンプを楽しむのもおすすめです。お母さまは口出し、手出しがしたくてもじっと我慢。不自由さを父子でどう乗り越えるかが、お子さんの「生きる力」を育てます。

あるお父さまは「1000円で楽しむ休日」をテーマに、お子さんとの冒険を楽しんでいらっしゃいました。交通費をかけないために自転車で、食事代を減らすためにお子さんと一緒におにぎりを作り、少し遠くの公園や川に遊びに行くそうです。お母さまには秘密のスポットが父子にはたくさんあるようですが、お子さんは「ママにも少しだけ教えてあげるね」と、お父さまの失敗談を話してくれることもあるそうです。

体験したことを自分の言葉で話すというのは、お子さんにとってかなりハードルの高いことですが、ワクワクドキドキした体験だからこそ一生懸命話して、伝えようとしてくれます。

お父さまとの冒険に限りませんが、日常から少し離れた体験をたくさんしているお子さんほど語彙が豊富ですし、魅力的に見えるものです。受験準備で時間に追われる毎日だと思いますが、豊富な体験と、遊びの時間をつくり、将来伸びるお子さんに育てていきましょう。

［第8章］

試験当日まで、家庭環境次第で子どもは伸びる！メソッドを実践して楽しみながら合格をつかんだ親子たち

ご両親はみんな悩んでいます

小学校受験の家庭教師をしていると、「ほかのご家庭は、お教室をどうやって選んでいるのですか?」「できるお子さんは、どれくらい勉強しているのでしょうか?」など、「よその家は……」という質問をよく受けます。

ご両親たちが迷い悩むお気持ちはよく分かります。わずか数年でお子さんの進路が決まってしまうのですから、結果の出ているご家庭の真似をしたいとか、よくできるお子さんと同じように学習させたいと思うのは当然のことです。

ただ、順調に準備を進めているように見えるご家庭と同じお教室を選び、同じような学習方法を実践しても、結果が同様になるとは限りません。むしろ、まったく違う結果になってしまう可能性ももちろんあります。

なぜなら、お子さんが多くの時間を過ごし、そして最も影響を受ける「家族」という環境がまったく異なるからです。特に乳幼児期は、ご両親の立ち居振る舞い、言葉づかい、休日の過ごし方、遊び、ご夫婦の雰囲気、ご両親が受けた教育、現在のお仕事によって、お子さんの獲得する言語能力、知識、コミュニケーション力には大きな差が生じます。ご両親の生きる姿そのものが、お子さんの成長の道しるべになるといってもよいでしょう。

ですから、「ほかのお宅は……」「よそのお子さんは……」と考えるのは得策ではありません。わが家のなかで自分の子どもをどう育てていくか、どう成長させていくかを考えるほうがはるかに重要なのです。

悩みが生じたときには、よそのお子さんと比較するのではなく、わが子にどんな方法が適切なのか、わが家にはどんなスタイルがマッチするのかを基準にやり方を修正していくことが大切です。

最後となるこの章では、ご両親からよくある質問について、考え方、工夫の仕方をアドバイスさせていただきます。

ペーパー学習は「いつ」させるのが効果的?

おすすめは「朝」です。頭が最もクリアで、効率良く学習が進みます。私が関わってきた多くのご家庭も「朝学習」をされていました。時間は30分から1時間が適切でしょう。

1時間以上になると、疲れてしまって園での活動に支障が出てしまうかもしれません。お母さまは大変ですが、この時間はお子さんの横または正面に座り、一緒にペーパーに集中してあげましょう。お弁当や朝食を作りながらでは、スピーディにペーパーをこなしていくのは難しいはずです。朝の学習は「短時間でやりきる」を目標にしましょう。ペーパーの丸つけは、その場で一緒に行います。理解できていなかったところは、帰宅後の遊びのなかで復習したり、知識が身につくように補っていきます。

このように朝学習をおすすめすると「必ず朝、ペーパーをしなくてはならない」と思われるかもしれませんが、お子さんによっては体調的に、朝の活動に向かない場合もあります。朝が苦手なお子さんの場合には、無理せず夕方などに時間を変えましょう。

また、朝の学習で集中できないお子さんのなかには、明らかに睡眠時間が不足しているケースも見られます。「前の晩、頑張り過ぎて遅くなってしまった」ということはよくあると思います。

ただ、就寝前に無理をさせると次の日に響きますので、あまり遅くならないうちに「頑張ったね」とお子さんを労って、絵本を読むなどして心を落ちつかせてから寝かせてあげてください。

そして少なくとも9時間は睡眠時間を確保してください。お子さんの健全な成長を促すためにも、眠る前には良い感情を与えるようにしたいものです。

集中力を保つためのテクニック

すぐに気が散ってしまう。集中力がすぐに切れてボーっとしてしまう。

これも非常に多く聞かれる悩みです。そもそも6歳未満のお子さんにとって、長時間の集中は無理だということを、ご両親が認識してください。一度に集中できる時間は「年齢＋1分」といわれています。

3歳児ならわずか4分、6歳児でも7分が限界です。集中力が続かないと嘆くご両親に限って、たくさんのペーパーをやらせ続けています。一度、これまでの学習のやり方を振り返ってみましょう。

ペーパー学習をさせるときには「タイマー」を使うことをおすすめします。例えば7分のタイマーをセットし、タイムアップするまでに「今日は5枚に挑戦しよう」と声掛けをしてから学習を始めます。

タイマーが鳴ったら「頑張った」ことを褒めて、ご褒美シールをカレンダーに貼っていきます。ここで次のペーパーにはいかず、紐通しや折り紙など、手先の巧緻性を高める練習を一つはさみ、改めてタイマーをセットしてペーパーを行います。

朝はこのサイクルを2～3回行うのがおすすめですが、もちろん、お子さんによっては「年齢＋1分」の集中力がもたないことがあります。最初は無理せず、短時間からスタートし、少しずつ時間を増やしていくとよいでしょう。

ご褒美シールに関しては、ポイントをためたら、好きなお菓子やおもちゃ、絵本などと交換できるようなワクワク感をもたせてあげるのもいいでしょう。

お教室や家庭学習ではできるのに、模擬テストで結果が出ません

お教室や自宅学習ではできているのに、模擬テストでは正解できないとか、模擬テストの成績が振るわず悩んでいるご両親はとても多くいらっしゃいます。

周りのお子さんが上位の成績を取っていると、不安で押しつぶされそうになると思いま

すが、まずは焦らないでください。

大人でもそうですが、時や場所、環境が変わるといつもの実力を発揮できないことは多々あります。緊張しますし、「ここはどんな場所なのだろう」「知ってる子いるかな?」とほかのことに気持ちが奪われてしまうこともあります。

対策としては、とにもかくにも場数を踏むことです。お教室でおすすめされる模擬試験だけでなく、さまざまな外部の模擬試験に参加してみましょう。会場の雰囲気を多数味わえますし、利用したことのない路線の電車に乗るのも経験になります。

また、発問の仕方や、設問のイラストのタイプが異なったり、回答方法の違いによって正解できないこともあります。特定のペーパー問題にこだわらず、いろいろな絵柄のものにチャレンジしてみましょう。

発問については、ご両親があらかじめレコーダーに吹き込んだものを使ってみるのもおすすめです。生の声以外にも慣れておきましょう。

食事で気をつけることはありますか？

何においても、お母さまの愛情が大切です。

栄養バランスを考え、彩りに気をつけた料理は、お子さんの情緒を豊かに育てます。時間がなく総菜を買ってきたとしても、器にきれいに盛り付けるだけでお子さんが感じる愛情は違います。

頭の良くなる食事はありますか？

と、質問されるご両親もいらっしゃいますが、基本的にバランス良く食べることと、甘いものを食べ過ぎなければ問題はないかと思います。白砂糖を取り過ぎると、イライラしたり攻撃的になるという研究結果もあるそうです。脳の働きには糖質ももちろん必要ですが、必要以上に甘いお菓子をたくさん食べさせるのは避けてください。

とはいえ、お子さんの好きなものを取り上げてしまうと学習のモチベーションを下げかねません。学習が終わったらデザートを出すとか、シールがたまったら好きなお菓子を買うなど、ご褒美と結びつけてお菓子をコントロールするのもよいでしょう。

ペーパー嫌いになってしまいました。どうしたらよいですか？

ペーパー学習を嫌がってやらなくなってしまうと、叱れば叱るだけ親子関係が悪くなってしまいます。

お教室で正解できなくて恥ずかしかった、難しいから嫌、ほかにやりたいことがあるからやりたくないなど、お子さんなりの理由はあると思いますが、ポイントは「やらされている」という気持ちにさせないことです。

ペーパーに対してアレルギー反応が出ているのであれば、1週間くらいペーパーなしで学習をさせます。例えば、しりとりの問題なら、イラストを切り抜いてテーブルに並べて、「リスで始まって、犬で終わるように並べ替えて」というように、鉛筆を持たせずに、ペーパーと同じ内容の問題をさせるのです。

これだけでもお子さんの気持ちはリフレッシュします。ここでたくさん褒めて「できるってうれしい」という気持ちを味わわせてあげましょう。1週間後に「そろそろペーパーもやってみようか」と誘ってみるとうまくいくケースが多いようです。

どうしても、ほかのお子さんとわが子を比べてしまいます

気持ちはよく分かります。しかし、お子さんの育っている環境はそれぞれ違います。そして、お子さん自身にも個性があります。いつ伸びるか、どう成長するかは、お子さんによって違って当たり前です。

ほかのお子さんと比べるのではなく、わが子の良い面を伸ばすことを意識して学習を進めていきましょう。

とはいえ、毎日一緒にいるご両親は、お子さんの欠点ばかりが目についてしまうものです。そんなときには、第三者の力を借りるのも一案です。例えば私のような家庭教師であれば、新鮮な目でお子さんを見ることができます。ご両親には見えなかったお子さんの良いところをたくさん見つけて、お伝えします。こんなふうな褒め方、関わり方をするとさらに伸びていきますというアドバイスもできるでしょう。困ったときには相談してみるのもよいと思います。

最新の情報として気をつけておくことはありますか？

２０２１年度はコロナ禍となり、お教室も授業や模擬テストをオンラインで行うなど例年とは違う受験準備となりました。本番の試験も、感染対策として、スクリーンやタブレットを部分的に使用した試験が実施された学校もあったようです。

普段からタブレットに慣れているお子さんはよかったのですが、電子機器をあえて触らせないようにしているご家庭も多く、戸惑ったという感想も聞かれました。遊びではなく、学習として触れておくことは必要かもしれません。

個別テストでＩＣレコーダーやパソコンの画面を使う学校もあります。過去に電子機器の使用があった学校の場合は、対策として慣れておいてください。

また、試験の行われる年にちなんだ問題が出されたり、面接で質問されることがあります。オリンピックが予定されている年には、さまざまなスポーツの特徴を問う問題が出題されましたし、コロナ禍の２０２０年の面接では「コロナ禍で家族の過ごし方で変わったことはありますか？」とご両親が聞かれたケースもありました。

世の中の大きな出来事はお子さんにも教え、映像を見せて理解させておく必要があります。

願書の書き方や、面接のコツを教えてほしい

お教室に通っていると、願書の添削や面接の練習をしてくれるところも多いと思います。ただ、生徒さんがたくさんいるお教室では、先生が忙しくて学校ごとの願書の添削は返却まで時間がかかることもあるでしょう。

願書も面接も、大切なのは「お子さんとご家族の良いところと、それに伴うエピソード」をうまく拾えるかどうかがカギです。ご家族にとっては当たり前のことでも、他者目線では「すてきなご家族」と感じられる物語があるものです。

私が家庭教師の立場で願書や面接のアドバイスをするときには、まずお母さんとお話しして日頃のご家族の様子をうかがいます。そのなかで大切にしている習慣や、そのご家庭ならではの出来事、ご両親のお子さんへの思い、お子さんの何気ない一言から成長が感じられたことなどを聞いていきます。「温かいご家庭」や「頑張り屋さんのご家族」など、

そのご家族のイメージが浮き上がってきます。そのうえで学校のどんなところがすばらしいと思ったのかを、ご家庭の方針と合わせて願書に盛り込んでいくのです。そうすることで、そのご家庭にしかできない願書が出来上がります。ご家庭の方針をあらかじめまとめておけば、面接でも上手に伝えることができるでしょう。

もし、ふさわしいエピソードが出てこない場合には、過去の家族写真を見返しながら家族で思い出話をしてみましょう。お子さんが生き生きと何かに取り組んだり、家族で励まし合ったことなどが思い出せるかもしれません。

加えて、毎日の生活のなかでご家族一人ひとりが頑張っていること、続けていることも振り返っておきましょう。

試験が近づいてきたら、何をすればよいですか？

十分な準備ができていれば、最後はお子さん本人のやる気次第です。本番の試験が近づいてきたら、お子さんのモチベーションアップのために、家から志望校までのルートを、親子で電車に乗ってシミュレーションしておくのもよいでしょう。

学校説明会や見学会などで、何度か足を運んでいても、実際にたくさんの生徒さんを目にするとさらにテンションが上がります。

私の関わったご家族も、登校や下校の時間帯に学校の近くまで足を運んでいました。「かっこいいお兄さん、お姉さんがいるね」「みんな楽しそうだね」と家族で話したところ、お子さんの口から「絶対にこの学校に入りたい」という言葉が出たそうです。

そこからお子さんの心が決まり、やる気100％、意気揚々と本番に臨み、見事合格されました。

また、「合格したら○○しようね」と約束するのも気持ちを上げるフラグになります。あるお子さんは遠方にあるテーマパークに行く約束が原動力となり、当日とても頑張って合格をいただいていました。

あとは健康管理に気をつけて、睡眠時間を十分に取らせましょう。そして生活リズムを規則正しく整えておくことが大切です。

誰の目にも「魅力的な子ども」とは

小学校受験で多くの学校から合格をいただくお子さんは、誰の目にも魅力的に映ります。性格はそれぞれ違いますが、人への思いやりの気持ちと、自分の意思をもっているお子さんが多いように思います。

単純なことですが「ありがとう」「ごめんなさい」が自然に言える。人のために行動できるなど、一緒にいて気持ちの良いお子さんというのは、その子自身もたっぷりと愛情を注がれています。

ご家庭のなかで大切にされ、認められ、個の人間として尊重されている。そんなお子さんだからこそ、小学校受験の準備をするなかで、さらに成長して魅力的なお子さんに育っていくのです。

お子さんを叱らず、褒めて、認めて、一緒に遊び、生活し、学びながら合格までの道のりを有意義に過ごしていきましょう。もちろん、人に迷惑をかけたり、危険なことをした時は注意し、叱ることも必要です。

おわりに

私が小学校受験の講師となってから21年が経とうとしています。

私が指導のなかで最も大切にしているのは「良い面、得意なところを褒めて伸ばす」という点です。教師をしていた父から教えられた考え方で、この仕事を始めた原点であり、ゆるぎない信条としています。

「欠点やできないことばかりやらせたり責めたりするよりは、良いところ、得意なところを褒めて伸ばすことで、欠点やできなかったことが目立たなくなっていく」

父は笑顔で私によく話してくれていました。そんな父の背中を見て育った私が、独立して小学校受験の家庭教師を始めたのは、「お子さんが本来もっている可能性を伸ばし、楽しく学んでほしい」との思いからでした。

今、こうしてお子さんの学びと成長に関わり、サポートするこの仕事に携われることが何より楽しく、喜びであり天職なのかもしれないと感じています。

さて、小学校受験は、中学、高校、大学の受験と違って、机に向かってたくさん勉強すれば合格できるというものではありません。出題される問題のほとんどは、日常生活のなかにヒントが隠されています。知識も考え方も、ご家族の中でどれだけたくさんの実体験をしてきたか、多くのことを身につけてきたかが問われる問題ばかりです。

友達との遊びやご家族でのイベントや旅行、そして日常のやりとりを通して、お子さんは多くのことを学びます。そうした時間が、最終的にペーパーの力にもなりますし、今後のお子さんの生きる力にもつながっていきます。

「三つ子の魂百まで」ということわざがありますが、幼児期に育った環境は、お子さんの将来に大きく影響します。

小学校受験を考えているご家庭では、ついペーパー学習に重きを置いた生活をしてしまいがちです。しかし、それでは三つ子の魂は充実したものにはなりません。受験期間であっても、ご両親には愛おしいわが子と向き合う時間を、意識して価値あるものにしてほしいと思います。時間の長さではなく、一緒に過ごす時間の「質」を高めて、将来の宝物になる時間にしていただきたいのです。

公園や園庭など屋外で元気に遊ぶことも、睡眠や食事と同じくらいお子さんの健全な成長に欠かせません。エネルギーを発散して新陳代謝も盛んになり、心も身体も健康に育ちます。友達とのコミュニケーションによって、協調性や社会性も身についていきます。

ですから小学校受験の忙しいスケジュールの合間でも、遊びの時間を工夫してつくっていきましょう。エネルギーを上手に発散していると、学習に集中できるだけでなく意欲の向上にもつながります。

反対に「遊びたい」という子どもの自然な欲求が満たされないまま、受験の勉強を続けてしまうと、本来、お子さんがもっているはずの「学びたい」という意欲をそいでしまうことになります。「本当はやりたくないけど、ママが怒るからやる」という気持ちで学習を続けていると、勉強嫌いになるだけでなく、自分で考えることができない子、言われたことしかできない子になってしまうかもしれません。

本書でも解説しましたが、小学校受験で求められているお子さんは、学校の先生方が授業や学校生活、課外活動などで「いてほしい」と思う子です。先生の言うことや約束を守れる、友達と仲よくできる。身の回りのことが自分でできて、困ったことがあったら自分の言葉で人に伝えることができる子です。

「やらされて」学習してきたお子さんが陥りがちな「人の指示を待つ子」になってしまうのがよくないことはお分かりいただけると思います。

たくさん遊び、たくさん家族との時間を過ごし、楽しんで学習する。難しそうに思えるかもしれませんが、私の指導してきたご家族のほとんどは、これらを実践し、受験準備の期間を「ラクではないけど楽しく価値ある時間」にされていました。

小学校受験はご両親もお子さんとともに学び、これまで知らなかった発見をすることも多いはずです。ふつうに子育てしていただけでは経験できないことを、ご両親が体験する機会でもあります。学ぶ楽しさをご両親もぜひ共有してください。

初めは私一人でスタートしましたが、今ではベテランの講師の先生方がたくさん在籍しています。お子さんに教えるこの仕事が好きな方ばかりです。自身の教育や子育ての経験を活かして、これから小学校受験を目指すご家庭の役に立ちたいとの思いで、指導に当たってくださっています。

本書ではこれまでの経験から学習以外の40のメソッドを紹介しました。机上（座学）だけではなく、生活や遊びのなかで、楽しく意欲的に知識や理論を吸収できるメソッドです。

忙しい日々を送られているご両親たちの手助けになれば幸いです。

合格は初めのゴールであり、そこで終わりでありません。新たなスタート地点です。ここからが本当の勉強の始まりです。教育環境の整った学校で、日々の課題を丁寧にしっかりと行い、充実した日々を過ごしてください。

小学校の6年間をどのように過ごすかは、小学校受験の準備期間よりさらに大切です。附属の中学があるからと安心しないでください。すばらしい学校で、勉強も運動も芸術方面でも努力を惜しまず、そして、生涯の友達となる仲間と有意義な小学校生活を過ごしてほしいと願っています。

高木宏子（たかぎ ひろこ）

青山家庭教育サービスほしの会 代表

慶應義塾大学文学部卒業。学生時代に家庭教師や塾講師として小中高生に勉強を教え、結婚後子育てをしながら大学受験の添削指導を行った経験をもつ。その後、小学校受験教室の講師となり、大手幼児教室「伸芽会」勤務時代には青山・学習院クラスを担当。小学校受験に長く携わるなかで、親が必死になるあまり、子どもの心を置き去りにしてしまったり、本来もっている学ぶ力、意欲が十分発揮されていない子どもたちがいることを痛感。小学校受験のための家庭教師サービスを立ち上げ、学ぶ楽しさを実感してもらい、受験する子どものみならず、父母や弟妹など、家族へのケアにも力を注ぐ受験指導を行っている。東京、神奈川、埼玉、千葉の有名小学校への合格実績多数。夫と子ども3人の5人家族。

本書についての
ご意見・ご感想はコチラ

目指せ！名門校合格
親子で楽しむ小学校受験

二〇二一年七月二九日　第一刷発行

著　者　高木宏子
発行人　久保田貴幸
発行元　株式会社 幻冬舎メディアコンサルティング
〒一五一-〇〇五一　東京都渋谷区千駄ヶ谷四-九-七
電話　〇三-五四一一-六四四〇（編集）
発売元　株式会社 幻冬舎
〒一五一-〇〇五一　東京都渋谷区千駄ヶ谷四-九-七
電話　〇三-五四一一-六二二二（営業）
印刷・製本　シナノ書籍印刷株式会社
装　丁　弓田和則

検印廃止

Printed in Japan　ISBN 978-4-344-93418-4　C0037
幻冬舎メディアコンサルティングＨＰ　http://www.gentosha-mc.com/